AF423501

Diario de viaje a Estados Unidos de América

JOSÉ MIGUEL CARRERA
H. Mayer, París, 1865.

José Miguel Carrera

Diario de viaje a
Estados Unidos de América

Prólogo, transcripción y notas de
José Miguel Barros

Esta publicación corresponde a la Segunda Edición
del libro *Diario de Viaje a Estados Unidos de América*, de José Miguel Carrera,
publicado por Editorial Universitaria en 1996, cuya transcripción,
prólogo y notas fueron realizadas por José Miguel Barros Franco.

EDITORIAL UNIVERSITARIA

© 1996, José Miguel Barros Franco.
Inscripción N° 97.796

Derechos reservados para todos los países por
© EDITORIAL UNIVERSITARIA, S.A.
Avda. Bernardo O'Higgins 1050, Santiago de Chile.

Texto compuesto en tipografía Caslon 540 12/15

Se terminó de imprimir esta
SEGUNDA EDICIÓN
en los talleres de Salesianos Impresores S.A.,
General Gana 1486, Santiago de Chile,
en junio de 2015.

DIAGRAMACIÓN
Yenny Isla Rodríguez

DISEÑO DE PORTADA
Norma Díaz San Martín

Proyecto financiado por
Fondo Nacional de Fomento del Libro y la Lectura,
convocatoria 2014.

ÍNDICE

PRÓLOGO

Como esta publicación está destinada a diferentes tipos de lectores, nos parece aconsejable iniciar su presentación con una sucinta reseña de la vida de José Miguel Carrera y de la época en que le correspondió actuar.

José Miguel Carrera, vinculado a tradicionales familias criollas, nació en Santiago el 15 de octubre de 1785[1]. Tuvo una hermana y dos hermanos –doña Javiera, Juan José y Luis– que mientras pudieron le acompañaron en esa su ajetreada vida, que concluyó bajo las balas de un pelotón de fusilamiento en Mendoza (República Argentina) el 4 de septiembre de 1821. Sus dos hermanos le habían precedido en el cadalso, ejecutados en esa misma ciudad el 8 de abril de 1818. La hermana, amarga y trágica sobreviviente, llegó a los ochenta años de edad, falleciendo en Santiago en 1862[2].

Estas cuatro figuras, que atraviesan dramáticamente los momentos iniciales de la independencia de Chile, son dignas de estudio por su gravitación en el desarrollo de ese proceso y su secuela; pero esta publi-

---

[1] Esta es la fecha generalmente aceptada por los historiadores. Probablemente, la mención de esa fecha por parte de Diego José Benavente, en la biografía de Carrera que escribió para la *Galería Nacional.... de hombres célebres de Chile* (dirigida y publicada por Narciso Desmadril, Santiago 1854, tomo II) haya sido el origen de la reiteración de la misma.

No obstante, la partida de bautismo de la cual deriva ese dato no se refiere a un José Miguel sino a un Joseph Marcos del Carmen, hijo asimismo de los padres del héroe. Cabe anotar, también, que la citada fecha parece estar en contradicción con otros documentos (sobre este asunto pueden consultarse: Raúl Díaz Vial, *El Linaje de Vial–sucesiones y.vinculaciones*, Madrid 1960, p. 1100; Ambrosio Valdés Carrera, *Carrera: Revolución chilena y campañas de la Independencia*, Santiago 1889, p. 11; y Fernando Campos Harriet, *La figura histórica de don José Miguel Carrera en Chile*, en *Boletín de la Academia Chilena de la Historia* N° 96, 1985, pp. 489-490).

[2] En la edición hecha en 1938 de *El Ostracismo de los Carrera (Obras Completas de Benjamín Vicuña Mackenna*, Tomo IX, que mencionaremos en lo sucesivo como *El Ostracismo...*) se inserta un "rasgo biográfico" leído por el historiador en el Círculo de Amigos de las Letras, con ocasión del fallecimiento de doña Javiera. Constituye un excelente resumen de la vida de esta señora.

cación gira solamente en torno a la más importante de ellas: el general don José Miguel Carrera, el único de los tres a quien, entre nosotros, basta con mencionar simplemente como Carrera.

¿En qué radica la importancia de este Carrera?

En la historia de Chile es el principal gobernante del periodo que se conoce como la Patria Vieja: ese intervalo de orientación independentista iniciado con el establecimiento de la Primera Junta de Gobierno –18 de septiembre de 1810– y cerrado con el desastre de Rancagua –1 y 2 de octubre de 1814– que marca la restauración de las autoridades españolas y la Reconquista.

Carrera había llegado a Chile, en viaje desde España, en julio de 1811, y muy pronto empezó a figurar entre las más destacadas personalidades de la capital. Se convirtió en miembro de una Junta de Gobierno el 16 de noviembre del mismo año y, en breve, en dueño del poder, imponiéndose sobre Juan Martínez de Rozas, otro importante personaje de esos tiempos.

Carrera no logró gobernar un periodo prolongado; no obstante, para mencionar tan solo sus logros más significativos, bajo su conducción política apareció el primer periódico chileno, se creó la primera bandera nacional y el primer escudo, poniéndose además en vigencia un Reglamento Constitucional. En materia internacional, se iniciaron entonces las relaciones oficiales de la joven República con Estados Unidos, las cuales pueden personalizarse en el Cónsul Joel R. Poinsett[3].

Cupo a Carrera, asimismo, organizar el primer Ejército patriota, el cual debió enfrentar las fuerzas realistas que, por orden del Virrey del Perú, vinieron a Chile en marzo de 1813 con la intención de dominar la incipiente rebelión criolla encabezada por aquel. Con motivo de tales acciones militares, Carrera se apartó del poder político; meses más tarde es privado del mando militar.

Poco después, Carrera cayó prisionero de los realistas, de cuyas manos logró escapar a mediados de 1814. Ya había surgido entre él y Bernardo O'Higgins, su sucesor en el mando de las tropas, una honda

---

[3]   Acerca de este último punto, puede verse nuestro trabajo sobre Poinsett, en el *Boletín de la Academia Chilena de la Historia* N° 98, de 1987, p. 25.

animadversión que, andando el tiempo, convirtieron en odio ciertos hechos dolorosos que registra la historia.

Mediante un golpe de Estado, Carrera reconquistó el poder político el 23 de julio de 1814. O'Higgins no aceptó esta situación y se produjo un encuentro armado entre ambas partes. Mientras tanto, las tropas realistas avanzaban desde el sur hacia la capital. Frente al peligro, O'Higgins y Carrera unieron sus fuerzas; pero, como hemos apuntado, la batalla de Rancagua, a comienzos de octubre de ese año, marcó la derrota definitiva de los patriotas. La desunión de los criollos había herido de muerte a la Patria naciente.

Restablecidas en Santiago las autoridades españolas, los jefes patriotas emigraron a Argentina. Entre ellos iba Carrera, quien no regresaría a Chile.

Desde ese momento, nuestro personaje adquiere un relieve que, más allá de las fronteras de nuestro país, hace de él un actor de las luchas americanas. Enemistado con José de San Martín –quien se inclinaba a favorecer el bando o'higginista– resuelve ir a Estados Unidos, hacia fines de 1815, con el ánimo de conseguir apoyo para la causa emancipadora. A pesar de su desconocimiento del idioma, de una absoluta carencia de fondos y de la política neutralista de aquella potencia, Carrera logra montar allá una expedición que, integrada por algunas naves y un grupo plurinacional, inicia un viaje escalonado a Buenos Aires a fines de 1816. El diario que presentamos refleja los esfuerzos que hizo y las penurias que sufrió para lograr sus fines.

Cuando llegó a su destino vio frustrados sus planes de pasar al Pacífico. Intervino entonces en las luchas civiles argentinas y durante un periodo se radicó en Montevideo, donde, con una pequeña imprenta, reinició la actividad política contra sus adversarios chilenos y argentinos. Pasó luego al norte argentino y, más tarde, se engolfó en las pampas, donde, encabezando un grupo guerrillero, prosiguió su afanosa lucha por retornar a Chile. Estaba obsesionado además por la idea de vengar la muerte de sus hermanos; pero no alcanzó sus objetivos: ni regresó ni se vengó.

Finalmente, en un episodio que no carece de elementos de traición, fue aprisionado cerca de San Juan y fusilado en Mendoza, como ya recordamos.

La precedente reseña biográfica tal vez no haya destacado su figura como lo que realmente es: una de las más preclaras en la independencia de Chile. Además, aunque fue un gran paladín, inspirado primordialmente en librar a su tierra de la dominación externa, Carrera pensó siempre en términos que iban más allá de las fronteras nacionales, como lo revelan su correspondencia y, particularmente, sus actuaciones. Bástenos citar una carta suya, fechada en Nueva York a 6 de julio de 1816, en la cual decía a Simón Bolívar:

Todas las noticias recibidas hasta hoy nos aseguran de los progresos de ese virtuoso y valiente ejército, que sin duda se adquirirá la gratitud de todos los buenos hombres del globo... Si los poderosos pueblos de América combinan sus operaciones y establecen sus relaciones, acabarán de un soplo con sus enemigos... Corónese V.E. de laureles haciendo feliz esa preciosa parte del Nuevo Mundo.

Como escribe Vicuña Mackenna, el plan informe que brotaba de la mente de Carrera, aún novicio en los sistemas políticos, era el mismo proyecto que había alumbrado más temprano en las sienes de Bolívar: uniformar la causa independiente de América dándole un centro común. Tal vez por esta razón ese historiador predecía que, como caudillo del alzamiento americano, Carrera ocuparía en la posteridad "un puesto supremo entre las más grandes nombradías de la revolución"[4].

Esta predicción –que todavía suscita juicios diversos en esa posteridad en la cual confiaba Vicuña Mackenna– no constituye tan solo un aislado anuncio causado por la admiración hacia Carrera que sentía el fecundo historiador. Hemos encontrado un análogo testimonio contemporáneo. En una carta de la época, su remitente manifestaba al general chileno:

"Ud. es considerado en este país [esto es en los Estados Unidos] *como el único campeón de las libertades de Sud América sobre cuyos principios debe ponerse una entera confianza, y el único que puede con-*

---

[4]   *El Ostracismo...*, p. 365.

ducir la revolución a un desenlace feliz y a una útil conexión política entre Sud América y los Estados Unidos. La expedición por cuyo conducto recibirá Ud. la presente puede decirse que ha sido originada en las conferencias con Mr. Madison que yo tuve el honor de conseguir a Ud."[5].

Confirmando este juicio de Porter, el general argentino Tomás Iriarte escribiría años más tarde:

El nombre del brigadier general don José Miguel Carrera pertenece a la historia y ella no ha de olvidarlo como uno de los primeros y más esforzados campeones de la guerra de la Independencia; y con tan reconocidos títulos como los más esclarecidos guerreros que pelearon por la emancipación de la América en ambos Continentes... El general Carrera, como uno de los primeros fundadores de la emancipación de Chile, cosechó el martirio; pero él ocupará un lugar prominente en los anales de la América del Sur. Su gloria, pues, es imperecedera[6].

Tal es la importancia de José Miguel Carrera: primera figura de la Patria y protagonista en la independencia nacional; autor y actor de una gestión de alto vuelo en los Estados Unidos; polemista de relieve en las márgenes del Plata; partícipe en las luchas civiles argentinas y figura de primer plano en el proceso que condujo al establecimiento de la Confederación en el vecino país.

Por todos estos antecedentes, las notas sobre su viaje a los Estados Unidos de América constituyen un importante documento original de Carrera –inédito– cuya publicación está plenamente justificada.

Descripción del documento y noticias generales sobre el mismo

Los apuntes efectuados por José Miguel Carrera durante su viaje a Estados Unidos se encuentran, escritos de su puño y letra, en una

---

[5]   Carta de David Porter a Carrera, fechada en Washington a 15 de noviembre de 1817 (*El Ostracismo...*, p. 97).
[6]   Tomás Iriarte, *Biografía del brigadier general don José Miguel Carrera*, en *Revista Chilena de Historia y Geografía* N° 44, Santiago, 1921, p. 72.

pequeña libreta (17 cm por 11,5 cm), con cubierta de pergamino cuyas hojas, modernamente numeradas, hoy son ochenta y cuatro[7].

¿Cómo y cuándo llegó este documento al Archivo Nacional?

Conviene recordar que la viuda de José Miguel Carrera, doña Mercedes Fontecilla, conservó las diversas piezas constitutivas del archivo personal del héroe. Después del matrimonio de ella con Diego José Benavente, toda esta documentación quedó en manos de la familia y, corriendo los años, una buena parte de la misma llegó a manos de José Miguel Carrera Fontecilla[8].

Empero, los apuntes de viaje que ahora damos a conocer no se encontraban en la documentación que luego el hijo del héroe entregó a Benjamín Vicuña Mackenna. Aparte de que en las obras de este no hemos hallado referencia alguna a ellos, existe una declaración específica del historiador a tal respecto:

"En cuanto al Diario que se supone llevó Carrera durante todas las épocas de que nos ocupamos y que debió comenzar en el mes de septiembre de 1815, en que aparece cerrado el que conservamos, vanas han sido todas nuestras diligencias para obtenerlo"[9].

Las primeras referencias específicas al *Diario…* que hemos descubierto en nuestras indagaciones están en un artículo de Miguel Varas Velásquez, aparecido en 1912[10]. Allí este dio a conocer algunos fragmentos y explicó la forma en que tuvo acceso a ellos: reveló que el ilustre hombre público

---

[7]   Dicha libreta se conserva en el Fondo Vicuña Mackenna del Archivo Histórico Nacional (Pieza 126 A). Como el documento carece de título le hemos puesto en esta edición aquel que nos ha parecido más exacto: *Diario de viaje a los Estados Unidos de América*. En lo sucesivo, nos referiremos a él como *Diario…*

[8]   El archivo personal de Carrera fue puesto a disposición de Vicuña Mackenna y, posteriormente, una parte del mismo se incorporó definitivamente al patrimonio documental de este historiador. Más tarde, los papeles de este fueron adquiridos por el Estado, pasando al Archivo Histórico Nacional (véase José Miguel Barros, *El Archivo de José Miguel Carrera*, en *Boletín de la Academia Chilena de la Historia* N° 100, correspondiente a 1989).

[9]   *El Ostracismo…*, p. 18.

[10]   Miguel Varas Velásquez, *Diario de viaje a Estados Unidos*, en *Revista Chilena de Historia y Geografía*, N°s 7 y 8 (Santiago, 1912).

Antonio Varas prestó servicios profesionales como abogado a unas hermanas de Diego José Benavente y que, cuando surgió el tema de los honorarios, solicitó que en lugar de ellos se le donaran los papeles de Carrera que estaban en manos de esas señoras. Ellas aceptaron la sugerencia y, de ese modo, el *Diario…* pasó a manos de Varas y de estas a las de su descendiente Varas Velásquez, quien lo poseía en la fecha en que escribió el mencionado artículo.

El *Diario…* ingresó posteriormente al Archivo Nacional, en fecha y circunstancias que se desconocen, y fue parcialmente utilizado por algunos historiadores, como, por ejemplo, Augusto Iglesias.

En mayo de 1983, el Presidente del Instituto de Investigaciones Históricas José Miguel Carrera, que a la sazón era el Capitán General don Enrique Franco Hidalgo, escribió a la Dirección de Bibliotecas, Archivos y Museos, solicitando una copia del citado documento. Sobre la base de la copia mecanografiada que se obtuvo, la cual contiene numerosos yerros de transcripción textual y lectura, el Instituto efectuó una pequeña edición en fotocopia, precedida de un resumen del *Diario…* redactado por el Director don Alfonso Cuadrado Merino[11]. Este texto ha circulado entre algunos investigadores de la última década.

Interesa señalar desde ya un hecho sobre el cual volveremos más adelante: el *Diario…*, que estuvo en poder de Varas Velásquez, cubría un periodo mayor que aquel del documento que se halla en el Archivo Nacional. En efecto, este documento tiene anotaciones que van del 9 de noviembre de 1815 al 25 de octubre de 1816, en tanto que Varas Velásquez afirmaba que el diario terminaba el 17 de noviembre de 1816 y transcribía diversos párrafos que hoy no se encuentran en el manuscrito que compulsamos.

Dicho en forma más precisa, del original que poseía ese investigador, que constaba de noventa y dos hojas, se han perdido ocho que contenían apuntes posteriores al 25 de octubre de 1816 e iban hasta mediados de ese mes de noviembre. Volveremos sobre el particular en una nota a la parte final del *Diario…*

[11] Poseemos el ejemplar que se obsequió al general Franco Hidalgo. Encuadernado en tela, con lomo de cuero, en la carátula dice: INSTITUTO DE INVESTIGACIONES HISTÓRICAS JOSÉ MIGUEL CARRERA–DIARIO DEL GENERAL CARRERA EN U.S.A. En la portadilla se lee: "Prohibida su reproducción y venta".

Además del resumen del *Diario…*, se hallan allí un diagrama sobre los desplazamientos que Carrera hizo en Estados Unidos y breves antecedentes biográficos de algunas de las personas cuyos nombres aparecen en las anotaciones de Carrera. Entendemos que este material adicional fue, asimismo, redactado por el señor Cuadrado.

La versión que presentamos ahora constituye una cuidadosa transcripción directa del original, que realizamos personalmente en 1988. Como es usual en estos casos, hemos desarrollado las abreviaturas, modernizado la puntuación, planteado algunas dudas y corregido ciertos nombres mal escritos.

Antecedentes del viaje de Carrera a Estados Unidos de América

Como hemos recordado, después del desastre de Rancagua se produjo una masiva emigración de patriotas chilenos hacia Argentina. Entre ellos estaban los miembros de la última Junta gubernativa de la Patria Vieja –Carrera, Uribe y Muñoz– quienes, en un primer momento, trataron de mantener en Mendoza una ficción de gobierno. No pasó mucho tiempo antes de que los chilenos emigrados, divididos entre sí, pasaran a constituir bandos irreconciliables. Además, Carrera y sus hermanos se disputaron con el Intendente de Cuyo, José de San Martín, y fueron expulsados hacia Buenos Aires[12]. Las tribulaciones por las que la familia Carrera atravesó en Argentina, en esa época, no pertenecen a este trabajo.

Baste saber que para acudir a la liberación de Chile, en los primeros meses de 1815 José Miguel trazó proyectos que no pudo llevar a cabo[13]. Posteriormente, ya hacia mediados de ese año, parece haber concebido la idea de viajar a Estados Unidos con tal propósito[14].

---

[12] Sobre estos hechos puede consultarse *El Ostracismo...*, capítulo primero.

[13] Carrera trató de inducir a Carlos María Alvear, elegido Director de las Provincias Unidas a comienzos de 1815, en el sentido de alejarse de Buenos Aires y marchar con su ejército a conquistar Chile. Fracasada esta tentativa, el 8 de mayo de 1815 presentó al Director del Estado Argentino, don Ignacio Álvarez, un plan que se basaba en iniciar un ataque desde Coquimbo. Este último plan se elevó en consulta a San Martín, quien no lo aprobó (*El Ostracismo...*, págs. 40 y 389).

[14] Así resulta de una carta de Carrera al Supremo Director Ignacio Álvarez, fechada en Buenos Aires, el 6 de junio de 1815. En ella, después de aludir a un pasaporte que le ha otorgado Álvarez para viajar a los Estados Unidos, manifiesta las dificultades que tendría para pagar los derechos de exportación de los fondos que llevaría consigo. Solicita, en consecuencia, que se le libere temporalmente de su pago y agrega: "Este favor obliga mi gratitud y auxilia al desgraciado Chile" (el documento se encuentra en el *Archivo Sergio Fernández Larraín*, Biblioteca Nacional de Chile).

Este proyecto se concretó antes que terminara 1815. Un bergantín estadounidense, de propiedad de la firma D'Arcy y Didier, le dio la oportunidad de abandonar Buenos Aires rumbo al país del norte en la mañana del 9 de noviembre de ese año. Le acompañaba solo un chileno, Mariano Benavente; otro compatriota, Servando Jordán, le había precedido en seis meses. Además, iba con él un fiel ordenanza de sus tiempos militares en España, José Conde, a quien había traído a Chile en 1811.

Como recursos solo portaba setecientos pesos en efectivo, según apunta en sus anotaciones de viaje[15]. Contaba, eso sí, con recuperar cinco mil pesos que, con miras a la adquisición de una imprenta, se habían remitido desde Chile a Estados Unidos en 1813.

La navegación tuvo las alternativas que fue anotando en esas hojas, hasta que, el 11 de enero, Carrera llegó a tierra estadounidense en Norfolk, cerca de la entrada de la bahía de Chesapeake. Allí se trasbordó a otra embarcación y, después de bajar en una caletita en la cual corrió sobre la nieve como un adolescente, se dirigió a Annapolis, donde desembarcó el 17 de enero de 1816. El viaje había durado más de dos meses.

Nos hemos propuesto evitar en este prólogo la relación de la permanencia de Carrera en Estados Unidos, que se prolongó hasta comienzos de diciembre de ese año. Es, ese, un trabajo que espera autor. Poco importa. La lectura del *Diario…* permitirá seguir día a día, aunque a menudo en frases casi taquigráficas, sus desplazamientos, sus gestiones y los altibajos de la misión que se autoimpuso con la intención de liberar a Chile.

Al salir de Buenos Aires, Carrera se había hecho muchas ilusiones acerca del apoyo que podría prestarle su íntimo amigo Joel R. Poinsett, ex cónsul de Estados Unidos en Chile, con quien se había mantenido en contacto epistolar desde que este dejó nuestro país en abril de 1814. Le

---

[15] Este punto ha sido materia de informaciones contradictorias por parte de algunos historiadores. Es efectivo que, cuando se dirigió al director Álvarez, Carrera esperaba llevar consigo algo más de doce mil pesos, suma que había logrado reunir entre amigos y partidarios; pero no podemos dudar de la cifra de setecientos pesos que menciona el *Diario…* porque pocas semanas después de su llegada a Annapolis empezó la ronda de préstamos que tan gráficamente ha resumido Varas Velásquez: "…pide a Forbes para pagar a Monson, a Astor para pagar a Forbes, a Gravier, a Jewett, a Simonet para pagar a Astor, y por fin regresa a Chile, …debiendo, como se dice vulgarmente, a cada santo una vela" (Varas Velásquez, *óp. cit.*, p. 13).

había enviado un mensaje con David Jewett, en junio de 1815; volvió a escribirle desde alta mar, el 28 de diciembre, valiéndose de una fragata que navegaba rumbo a Charleston; y el 22 de enero le despacharía otra carta. Solamente el 31 de ese mes recibió una breve misiva de su amigo, con la cual este le remitía recomendaciones para el Secretario de Estado James Monroe y otros. En el *Diario…* diversas anotaciones revelan la progresiva frustración de Carrera ante la frialdad y el distanciamiento que fue comprobando en la conducta y reacciones de Poinsett.

Hubo, sin embargo, un compatriota de este último que, aunque Carrera no lo había conocido antes de llegar a Estados Unidos, cooperó con él en alto grado. Aludimos a David Porter, oficial de marina que, comandando la fragata *Essex*, navegó por aguas chilenas en la Patria Vieja. En Washington se preocupó de alojarlo y, pocas horas después de su llegada a esa capital, lo llevó en su coche a ver al Presidente Madison y trató de ponerlo en contacto con el Secretario de Estado, James Monroe. En el *Diario…* y tanto en los archivos públicos como en las obras clásicas de Barros Arana y Vicuña Mackenna, hay abundante testimonio de la colaboración que el distinguido marino prestó a Carrera en esta etapa de su vida. Después que este salió de Estados Unidos, Porter lo defendió de los aleves ataques de Dauxion-Lavaysse, un francés que había traicionado villanamente al héroe chileno.

Al lado de estos dos personajes principales, por las páginas del *Diario…* desfilan aquellos hombres y mujeres, encumbrados o modestos, a quienes Carrera encontró en Estados Unidos: el Presidente Madison, José Bonaparte, el mariscal Grouchy, el general Bertrand Clauzel, Aaron Burr, Henry Didier, John Skinner, Baptis Irvine, Francisco Javier Mina, Pedro Gual, Lino de Clemente, Servando Teresa Mier, un zapatero norteamericano que había vivido en Chile, el capellán Adams, John Randall Shaw y su cuñada Shara, Charles W. Wooster, cierta Mary Ann con la que Carrera tuvo "un enganche", y hasta tres muchachas con quienes, en casa del ex vicepresidente Aaron Bur le sucedieron "lindas ocurrencias" … Se podrían agregar muchos otros nombres.

En el *Diario…* se pueden seguir, además, los desplazamientos de Carrera desde Annapolis a Baltimore, a Washington, a Nueva York, a Huntington, a Filadelfia: de hotel a posada, de posada a pensión, de pensión a hotel, al ritmo de las exigencias de la causa y del caprichoso vaivén de sus magros recursos.

DIARIO DE JOSÉ MIGUEL CARRERA.
Archivo Histórico Nacional.

JOEL R. POINSETT.

Con este telón de situaciones, seres y lugares, desde el fondo de su espíritu lo acosan el lancinante recuerdo de su mujer y las imágenes de su atribulado padre, de sus hermanos y de los fieles partidarios que lo esperan en las márgenes del Plata para emprender el ansiado retorno a Chile.

Carrera deja los Estados Unidos en los primeros días de diciembre de 1816, en la fragata *Clifton* de la firma D'Arcy y Didier, acompañado por un heterogéneo cuerpo de oficiales compuesto principalmente de estadounidenses, franceses y chilenos, los que ostentan grados desde sargento mayor a subteniente[16]. Lleva, asimismo, un grupo de diecinueve artesanos que ha colocado bajo las órdenes de M. Hercule Ramel, un experto armero que le han presentado en Estados Unidos.

La *Clifton*, que, además de este contingente humano, transporta una imprenta, armas y municiones, llega al Mar del Plata el 9 de febrero de 1817. Carrera aguarda que sucesivamente arriben el *Savage*, el *Regente*, la escuna *Davei* y el *General Scott*, respecto de todos los cuales y asumiendo el compromiso de pagar los que procedieren, ha firmado contratos leoninos plagados de trabas acerca del control de los elementos que transportarían.

Poco después de su llegada, se impone Carrera de la invasión de Chile, emprendida por un ejército comandado por el general José de San Martín, su antiguo antagonista de Mendoza. Intuye que ya no podrán corresponderle los primeros honores de la liberación chilena; pero aún acuna la ilusión de irrumpir con sus naves en el Pacífico y asegurar definitivamente una victoria que no parece inmediata.

---

[16]   La nómina de los oficiales destinados al servicio de Chile que llegaron a Buenos Aires a bordo de la *Clifton* se ha publicado numerosas veces, en su mayor parte con errores. Por eso la transcribimos enseguida, copiada fielmente de una lista autenticada por Carrera en aquella capital con fecha 7 de marzo de 1817, que se conserva en el *Archivo Vicuña Mackenna*: José Alberto Bacler d'Albe, Pedro de la Peña, José Rondizzoni, Felipe Margutt, Jorge Leuri Widt, Ezequiel Jewett, Antonio Simonet, Victor Cretin, Juan Fellows, Enrique Gmo. Kennedy, Francisco Bond; Roberto C. Livingston, Samuel Eldredge Thompson, Daniel Carson, Roux Beaufort, Juan Bautista Ogier, Juan Carlos Luis Durand, Francisco Nicolás Brunier, Carlos C. Eldredge, Tomas R. Eldredge, Ezequiel Dalrymple, Próspero Adams, Juan Oughgan, Santiago Devlin, Carlos Fco. A. Lozier, Próspero Catelin.

Al pie de esta lista agregó Carrera la siguiente nota: *"Don Carlos Lozier y D. Carlos Durand han tomado ocupación y separádose del servicio. A D. Roux Beaufort le he separado por su pésima comportación durante la navegación y su residencia en Buenos Aires".*

Al enterarse del resultado de las primeras batallas del Ejército Libertador, transcurridas dos semanas desde su primera entrevista con el Director Supremo argentino, le escribe, el 26 de febrero de 1817, en los siguientes términos:

"Parece que cambian las circunstancias a vista de la gloriosa acción de Chacabuco; pero no la necesidad de dominar el Pacífico, único paso que puede asegurarnos la ruina de nuestros opresores. Dígnese V.E. reflexionar sobre tan interesante asunto, no olvidando que puede duplicarse la fuerza de la flotilla, sin desembolso de este erario, y que debe contarse con la seguridad y protección que he insinuado a V.E ".

Pueyrredón no contesta; pero le manifiesta verbalmente que ha tomado la firme decisión de no dejar salir de Buenos Aires ni a él, ni a sus amigos y parciales[17]. Respecto de Chile, Pueyrredón y San Martín han trazado irrevocablemente otra política: el eje sería un O'Higgins y no un Carrera.

Así, José Miguel Carrera no puede proseguir su empresa libertadora: se esfuman las naves, se dispersan los oficiales y artesanos contratados en Estados Unidos, los seguidores del general parten con diversos rumbos e intenciones…

Lo que ocurrió más tarde pertenece a otros capítulos de la historia americana y estaría fuera de lugar en este prólogo.

Observaciones finales

Al presentar en esta oportunidad el diario de viaje de Carrera a los Estados Unidos hemos resuelto complementarlo con notas a pie de página, tanto para facilitar la comprensión de las situaciones que allí se describen como para ayudar a la identificación de las personas que en él se mencionan. Salvo las bien conocidas –como, ocurre por ejemplo, con el general José de San Martín– hemos tratado de proporcionar antecedentes biográficos

---

[17]   Diego Barros Arana, *Historia General de la Independencia Chilena* (Santiago, Imprenta del Ferrocarril, 1858), Tomo IV, p. 144.

de todas ellas. En algunos casos no hemos logrado encontrarlos y a ello se debe la falta de referencias en las notas.

Debemos destacar que el *Diario…* original no tiene nota alguna. Por ende, todas las que se leerán son nuestras y de nuestra personal responsabilidad. Más que sugerir una erudición que no poseemos, nos halaga pensar que tales notas dejarán a la vista, por lo menos, la persistente paciencia de nuestras indagaciones.

Nos hemos esforzado por ser precisos y, sobre todo, por proporcionar ciertos datos y documentos pertinentes, poco conocidos o totalmente ignorados hasta hoy, que hemos hallado en nuestras rebuscas. Generalmente, para no recargar el texto, hemos omitido la mención de las fuentes utilizadas: en esta oportunidad nos interesa primordialmente la divulgación antes que la información para especialistas.

Con todo, debemos señalar que, en cuanto a personajes estadounidenses, nos ha sido de gran ayuda el *Dictionary of American Biography*. Respecto de los de otras nacionalidades, hemos echado mano a enciclopedias, diccionarios especializados, notas de nuestras investigaciones en archivos chilenos y extranjeros, etc.; en particular, la *Nouvelle biographie générale…* y la antigua *Enciclopedia Universal Ilustrada Europeo-Americana* de Espasa-Calpe merecen una mención específica.

Para terminar, diremos que al redactar nuestras notas y bosquejar vidas de chilenos, nos hemos valido de esa rica, rigorosa e inagotable veta que es la *Historia General de Chile* de Diego Barros Arana. Asimismo, hemos consultado los trabajos, coincidentes o contrapuestos, que sobre nuestro país y la época de Carrera escribieron Miguel Luis Amunátegui, Benjamín Vicuña Mackenna, Miguel Varas Velásquez, Guillermo Feliú Cruz, Ricardo Donoso, Augusto Iglesias, Fernando Campos Harriet y Manuel Reyno Gutiérrez, para nombrar solamente a los principales autores.

Distantes o cercanos en el tiempo, nos parece justo testimoniar aquí, a todos ellos, nuestro profundo agradecimiento

José Miguel Barros
Miembro de número de la
Academia Chilena de la Historia.

Santiago, septiembre de 1996.

Diario[*]

[*] Este título lo hemos agregado; no aparece en el original.

Bustamante N° 1 - en 7 de agosto - 1 septiembre N° 2 - 9 de id. N° 3[1].

Juan José N° 1 - en 7 de agosto - Juan pondrá mis cartas con sobres "A Dn. Esteban Vidal".

31 de agosto N° 2. - Yo pondré mis cartas para Juan José, al ciudadano Alejandro Alfara.

1° de septiembre N° 3 - 9 de id - 4 - 16 de id N° 5.

Bustamante y Portus pondrán las cartas para mí con el mismo sobre - Timoteo José María.

Mis encargados en Buenos Aires - Tomás Urra - Diego Benavente[2] *- Francisco Antonio Pinto*[3].

En San Juan - Bustamante - Merino - etc.

---

[1]   Estas líneas y las que siguen en cursiva no forman, propiamente, parte del *Diario…*; pero las transcribimos aquí siguiendo la posición que tienen en el documento original.

[2]   Se refiere, sin duda, a Diego José Benavente Bustamante, hijo de don Pedro José Benavente y Roa y de doña Ana María de Bustamante, nacido en Concepción el 12 de febrero de 1790, quien salió de Chile en 1814, junto con José Miguel Carrera, después del desastre de Rancagua. Benavente permaneció en Argentina hasta después del término del gobierno de O'Higgins. De regreso en Chile, entre otros cargos, ocupó los de Ministro de Hacienda, Contador Mayor de la República, Diputado y Senador. Como Memoria presentó a la Universidad de Chile un trabajo titulado *Campañas en la guerra de la Independencia de Chile*, obra que Vicuña Mackenna –que lo da por nacido en 1789– descalifica afirmando que no es sino un trasunto del *Diario Militar* del General Carrera. Benavente, que casó con doña Mercede Fontecilla Valdivieso, viuda de José Miguel Carrera, falleció en Santiago el 21 de junio de 1867.

[3]   Francisco Antonio Pinto nació en Santiago en julio de 1785. Fue el primer agente diplomático de Chile en Buenos Aires; posteriormente, la Junta de Gobierno lo acreditó en Londres. Después de la derrota de Rancagua, en 1814, prestó servicios en el Ejército de las Provincias Unidas, regresando a Chile bajo el gobierno de O'Higgins. Fue elegido Presidente de la República en 1829; pero después de la batalla de Lircay se le excluyó del escalafón militar. Consejero de Estado y Diputado, falleció siendo Senador en 1858.

En los corsarios - Carlos Handford[4] - Guillermo Brown[5] - Nicolás García[6].

Salió Brown de Buenos Aires el 14 de octubre.

David Jewett[7] salió para Bahía en… de junio acompañado de Jordán[8].

[4]   Nos parece que debe tratarse del Dr. Handford, cirujano de la escuadrilla naval comandada por Guillermo Brown. Sea lo que fuere, no tenemos a mano mayores datos biográficos de esta persona, a la cual Carrera se refiere en diversas oportunidades como "el amigo Handford". Por otra parte, en el copiador de correspondencia de Carrera –manuscrito inédito del cual poseemos una fotocopia y que en lo sucesivo citaremos como "copiador"– hay referencias a diversas cartas que José Miguel le habría dirigido.

Cabe recordar que un cirujano llamado Carlos Handford (que en la *Historia General de Chile* de Barros Arana aparece a veces mencionado como Hamphord o Hamphod) fue testigo presencial del duelo entre Luis Carrera y Juan Mackenna, lo cual nos induce a pensar que se trata del amigo de José Miguel que iba en la escuadrilla de Brown.

[5]   Guillermo Brown es, sin duda, el destacado marino, natural de Irlanda, que llegó a Argentina en 1811 y fue designado comandante en jefe de las fuerzas navales de las Provincias Unidas tres años más tarde. Falleció en 1857.

[6]   Capitán de artillería, chileno, participante en la escuadrilla corsaria comandada por Guillermo Brown que se dio a la vela en Buenos Aires el 15 de octubre de 1815.

[7]   David Jewett figura prominentemente en el *Diario…* En algunas oportunidades aparece solamente la mención del apellido, lo cual arriesga un embrollo respecto de David y su hermano Charles quien, como se verá, también mantuvo prolongados y difíciles contactos con Carrera en los Estados Unidos. Asimismo, existió un Ezequiel Jewett, nacido el 16 de octubre de 1794, que se embarcó en la Clifton, acompañando a Carrera en su viaje de regreso a Argentina, a fines de 1816.

Como se ve, Carrera dejó en blanco la fecha en que David salió hacia Bahía; pero conocemos una carta que este escribió a José Miguel desde Río de Janeiro el 3 de agosto de 1815. En relación con esta carta, Vicuña Mackenna afirma que Jewett llevaba consigo una de Carrera para el antiguo Cónsul americano en Chile, Mr. Poinsett, y una clave de cifras para entenderse secretamente (*El Ostracismo…*, p. 46).

En una carta a Carrera escrita en Bahía (Brasil) el 10 de noviembre de 1814, que se conserva inédita, expresa Joel R. Poinsett: "*Aquí he encontrado dos hombres que pueden ser útiles a V. y les he persuadido que vayan a Chile: el uno es un americano David Jewett, un buen marino que ha servido en nuestra marina nacional, tiene una fortuna regular pero tiene el característico de su país, es emprendedor y puede V. sacar partido de sus conocimientos en la marina y en el comercio; lleva consigo algunos libros de táctica francesa*".

Esta carta revela que, en noviembre de 1814, Carrera aún no conocía a David Jewett, lo cual nos lleva a pensar que –si llegó a formalizarse– fue retrofechado un nombramiento de este como comandante en jefe de la escuadra de Chile, que se habría extendido en Santiago el 20 de septiembre de 1814 (véase Rodrigo Fuenzalida, *La Armada de Chile desde la alborada al sesquicentenario*, p. 308).

Guillermo, Juan, Roberto y Ricardo Orr. Juan natural de Escocia y los otros tres de Irlanda, son sujetos de aprecio y debo a Guillermo un servicio importante[9].

Creemos encontrar una confirmación indirecta de este procedimiento en una carta de Carrera a Poinsett en la cual expresa: *"Mr. Jewett es nuestro amigo y ha comprado parte del bergantín Invencible. El 10 o 12 de éste sale para Bahía a tomar el mando de él para hacer el corso contra los españoles; lleva a Jordán de comandante de los fusileros. Lleva patente de Chile con fecha 20 de septiembre del año pasado"* (Carta de Carrera a Poinsett, de 2 de julio de 1815, que se conserva en The Historical Society of Philadelphia).

Vicuña Mackenna (*El Ostracismo...*, p. 45) califica a David Jewett como "hombre vulgar, pero presuntuoso, que había logrado inspirar a Carrera alguna confianza", sin hacer alusión alguna a una presunta designación de aquel como jefe superior de la escuadra chilena al término de la Patria Vieja.

Hacia el final de su permanencia en Estados Unidos, Carrera se había formado una pésima impresión de David Jewett; en carta a Poinsett le expresaba: *"El True Blooded Yankee no va. Jewett salió tan buena pieza como pensé: lo abandoné con toda claridad y desde que separé de mí un hombre de tan mal carácter todo va mil veces mejor"* (Carrera a Poinsett, 6 de noviembre de 1816).

No obstante lo anterior, tanto Carrera como su hermana doña Javiera tuvieron relaciones estrechas con David Jewett después que aquel regresó de los Estados Unidos. Así, por una carta de Jewett a Carrera, fechada a 5 de octubre de 1818, sabemos que estaba en Buenos Aires y que Carrera lo había invitado a que pasara a verle a Montevideo.

[8]   Conforme a esta anotación, Servando Jordán salió de Buenos Aires, rumbo a los Estados Unidos, antes que Carrera.

Un año atrás, el 4 de marzo de 1814, Jordán, que tenía el grado de teniente de artillería, había sido detenido por soldados realistas en Penco, con José Miguel Carrera y otros patriotas. Con posterioridad a la derrota de Rancagua, emigró a Argentina y estuvo entre quienes se alinearon con Carrera; actuaba entonces como ayudante de José Miguel, con el grado de capitán. Tal vez esto contribuya a explicar que, en un cuartel mendocino, San Martín lo haya agredido físicamente y ordenado que le colocaran grillos.

Poco después, una partida de doce hombres que pretendía regresar a Chile, fue arrestada en Uspallata. Uno de ellos era Servando Jordán, el mismo que más tarde acompañó a Carrera a Buenos Aires y, como se ha visto, salió rumbo a Bahía con David Jewett, en junio de 1815.

Numerosos pasajes del *Diario...* y de la correspondencia personal de Carrera se refieren a Jordán y a las penurias que pasó en los Estados Unidos.

[9]   El servicio importante que Guillermo Orr hizo a Carrera fue prestarle mil pesos para su viaje a Estados Unidos. Por error, en *El Ostracismo...* (p. 47) se atribuye este gesto a Ricardo Orr.

En el "copiador" se halla la transcripción de una carta enviada por Carrera a Guillermo Orr, desde Baltimore, el 17 de enero de 1816, en que le dice: *"La generosidad de un buen irlandés me ha proporcionado llegar felizmente... no dudo que los objetos de mi viaje*

William White.
David Carlos de Forest.
Carlos Smith.
Nicolás Vedia.
José San Martín.
................Soler.

Javiera Roberta nació el 19 de abril de 1815, a las 10 1/2 de la mañana[10].

[Siguen tres hojas en blanco. Enseguida se halla la siguiente lista]

Enciclopedia Inglesa
Obra de Agricultura por el Abate N—
Táctica de Caballería y la más moderna
Id. de Infantería - La de Guibert
Morfa tratado de artillería.– Con láminas.
Ordenanzas y reglamentos posteriores para las tres armas.

---

serán cumplidos y que no tardaré en tener la satisfacción de abrazar a V. ganando por mi pron-
titud un vestido completo con sombrero y botas". Según el *Diario...*, Carrera escribió a Orr, desde los Estados Unidos, otra carta, fechada a 7 de febrero de 1816; no conocemos su texto.

[10]   Esta anotación se refiere a la hija de José Miguel Carrera y Mercedes Fontecilla, que nació en Buenos Aires. Entendemos que recibió el nombre de Roberta en homenaje a la amistad de su padre hacia Joel Roberts Poinsett.

[Noviembre de 1815][11]

El 9 de noviembre de 1815, a las 10½ de la mañana salí de Buenos Aires y me embarqué a bordo del bergantín *Expedición*, que a los pocos minutos dio la vela, después de haber sacado de a bordo de la fragata de guerra inglesa dos pasajeros y dinero de contrabando, depositado por el Comandante, ganando un 6%, según me consta por haber yo mismo pagado el derecho de unos 700 pesos, único caudal que tenía.

Capitán del bergantín	Mr. John Chase
Sobrecargo	Mr. George Erich[12]
Primer piloto	Mr. John Maje
Pasajeros	Mr. Marcena Monson[13]

---

[11] Esta referencia al mes la hemos agregado nosotros y haremos lo mismo con cada mes sucesivo, hasta el término del *Diario…*, a fin de facilitar la consulta de las anotaciones. Carrera solamente indicaba el respectivo mes en la primera anotación a su respecto.

[12] George Erich, quien, como se ve, viajaba en el bergantín en calidad de sobrecargo, siguió en permanente contacto con Carrera después de la llegada de este a los Estados Unidos.

Según una carta escrita por Erich a Carrera en Filadelfia, el 14 de marzo de 1816, aquel indagó con cierto Mr. Crammond acerca del despacho de una importante correspondencia de Carrera a Argentina.

[13] Así lo anotó Carrera en esta parte del *Diario…*; pero el nombre correcto es Marcena y en esa forma lo escribiremos en adelante.

Según Vicuña Mackenna, Monson había servido a Carrera como banquero y en Estados Unidos actuó como prestamista (*El Ostracismo…*, p. 51.); pero, antes de eso, había estado en Chile y fue capitán del *Potrillo*, nave que se incorporó a la primera escuadrilla de la Patria Vieja. A fines de enero de 1814 lo sabemos portador de una carta del Cónsul Poinsett a Joaquín de Echeverría.

Monson aparece en varias partes del *Diario…*: después de esta navegación desde Buenos Aires a Estados Unidos, acompañará a Carrera en Nueva York y lo llevará a casa de su familia en Huntington, como veremos.

En carta fechada en Baltimore a 27 de octubre de 1816, Carrera hace diversos encargos a Monson, para el mejor despacho de su expedición en el buque *Clifton* y le

Pasajeros   Mr. Thomas Taylor[14]

Mr. Nathaniel Fowl

Mr. Stephen Badlam

Mr. [en blanco]

D. Mariano Benavente[15]

José Conde, mi sirviente[16]

Día 11. Taylor, que se había quedado en tierra, nos alcanzó en un falucho, acompañado de Benavente y de dos criados. No agradó este alcance a Chase ni a Monson que, de acuerdo con De Forest, habían violentado el viaje por llegar sin Taylor a los Estados Unidos, a causa de tener patentes de corso del gobierno de Buenos Aires unos y otros.

---

pide que instruya al Mayor Humphreys. Esta carta se encuentra, asimismo, en el citado "copiador".

[14] Así lo escribe aquí Carrera y, más adelante, lo llama Tela. La forma correcta es Taylor y es la que usaremos en lo sucesivo. Salvo que se trate de una coincidencia de nombres, Thomas Taylor era un norteamericano que ocupaba un cargo en la marina rioplatense y era casado con su compatriota Mary Clark; ambos eran propietarios, en Buenos Aires, de una posada conocida popularmente como la fonda de Madama Clara.

Taylor fue testigo del duelo que Luis Carrera sostuvo con Juan Mackenna, en el Bajo de la Residencia, a orillas del río de La Plata, en la noche del 21 de noviembre de 1814. Según Carrera, al viajar a los Estados Unidos llevaba seis patentes de corso extendidas a su favor por el gobierno de Buenos Aires.

[15] Mariano Benavente, hijo de don Pedro José Benavente y Roa, era medio hermano de Diego José Benavente. Actuó como secretario de Carrera en los Estados Unidos. En el *Diario*..., como se verá, hay numerosas referencias a él y a las dificultades que experimentó en los Estados Unidos.

[16] José Conde era un soldado español que conoció a Carrera sirviendo en el regimiento de caballería de voluntarios de Madrid. Nació en esa capital alrededor de 1788 y vino a Chile con José Miguel, acompañándole fielmente en Argentina y en Estados Unidos. Volvió a Chile a mediados de 1817 y por su vinculación con los círculos carrerinos fue hecho prisionero. Cuando ocurrió el encuentro de Cancha Rayada estaba preso en la cárcel de Santiago junto con partidarios de Carrera. Puesto en libertad, fue nuevamente sometido a proceso y, por fallo de 8 de mayo de 1819, condenado a extrañamiento perpetuo de Chile y seis años de confinamiento en Las Bruscas (República Argentina). El leal Conde murió en ese país, asesinado.

Taylor   6 patentes
De Forest   6
Monson   1
Chase   1

Día 15. Encontramos un bergantín portugués procedente de Bahía de todos los Santos con destino a Montevideo, digo Buenos Aires.

Se enarboló bandera americana con un cañonazo a bala que pudo haber sido dañoso al pobre portugués. Tela pasó a bordo fingiéndose oficial; pero le conocieron. Le dieron algunas tazas y platillos para café.

El capitán dijo que Jewett había salido con su bergantín con sólo catorce hombres.

Día 17. Encontramos una sumaca portuguesa a la que se le hizo parar por burla, diciendo que se iba a echar bote para pasar a bordo.

Día 23. Se avistó una vela que no se reconoció, y se vio la costa.

Día 28. Hablamos un falucho español que había salido del Janeiro con destino a La Habana con carnes saladas sacadas anteriormente de Montevideo, y dijo que seguía sus aguas una fragata española con el propio cargamento y de los mismos destinos.

[DICIEMBRE]

Día 1º. Se avistó la isla de Trinidad al amanecer. El capitán se encontró con dos grados de diferencia en su cálculo. Se ha puesto a ración de agua la tripulación y pasajeros. La leña escasea. Ya se conoce que el sobrecargo es judío.

Día 5. Se avistó una vela desde las cofas.

Día 8. Se rompió el mastelero de juanete por mero descuido.

Día 9. A la una de la tarde se avistó la isla de Fernando de Noroña y según Monson estaba el capitán grado y medio distante de su cálculo.

Día 10. A las cinco de la tarde pasamos la equinoccial. D. Mariano Benavente fue algo oprimido por Neptuno. Taylor tuvo algún pequeño disgusto con el capitán y sobrecargo porque los mojó como a todos los pasajeros. Esos dos miserables querían distinguirse por sus altísimos empleos.

[En esta parte del Diario se halla inserta la lista que sigue]

Fusiles y fornituras
Tercerolas y fornituras
Pistolas
Sables y cinturones
Espadase id
Cañones volantes de a 4
Id. de montaña
Moharras para lanzas
Obuses
Vestuarios
Monturas
Clarines
Música de infantería

Armamento para oficialidad
Instrumentos matemáticos

Día 13. Estamos 7 grados al norte de la línea. En la tarde se ha avistado una vela que no ha sido reconocida por la obscuridad de la noche.

Día 19. Se avistó una fragata que hablamos. Era inglesa; se dirigía a Jamaica. Monson y Taylor fueron a bordo y compraron carbón de piedra, cerveza, dos jamones, papas, un queso. El capitán les regaló cuatro vasos y pocos platos de los que carecíamos para comer. Estamos en 17 grados latitud norte.

Día 22. Se ha avistado una fragata mercante.

Día 24. Avistamos un bergantín y en la noche le hemos hablado. Salió hace días de [en blanco] y va con destino a Liverpool. No se han pedido víveres, aunque los necesitamos, porque tiene miedo el judío, que disfruta de ascendiente sobre el capitán.
Estamos en los 21 grados de latitud N.

Día 26. Hemos avistado otro buque que hemos perdido muy luego de vista.

Día 28. Se ha vuelto a avistar el buque. Le hablamos a las 12 del día. Es la fragata americana *Golden Fleece*. Hace viaje de Lisboa a Charleston. Escribo a Poinsett[17], anunciándole mi llegada y también

---

[17]   Joel Roberts Poinsett nació en Charleston (Carolina del Sur) el 2 de marzo de 1779 y falleció cerca de Statesburg, en el mismo Estado, el 12 de diciembre de 1851. Sus padres fueron: el Dr. Elisha Poinsett y Ann Roberts. Por el lado paterno descendía de un hugonote francés que emigró a los Estados Unidos a fines del siglo XVII.

Sus contactos con Carrera se iniciaron en Chile, a fines de 1811 cuando Poinsett llegó a asumir el cargo de Cónsul de los Estados Unidos. Acerca de las relaciones entre ambos y el desempeño diplomático del estadounidense en Chile, nos parece que hasta hoy el mejor estudio es la obra de Guillermo Feliú Cruz y William Miller Collier titulada *La primera misión de los Estados Unidos de América en Chile* (Santiago, Imprenta Cervantes, 1926).

Poinsett salió de Chile a fines de abril de 1814 y nunca más volvió. No es este el sitio para hacer una detallada reseña de sus actividades posteriores. Baste recordar que

Monson. Éste y Taylor han ido a bordo, entregaron las cartas y han comprado cuarenta y ocho botellas de cerveza.

Estamos en los 24 grados latitud N.

Día 31. En la tarde avistamos una goleta que perdimos muy luego de vista porque el viento es muy fresco.

Por la fragata del 28 tuvimos una gaceta inglesa que anunciaba la proclama de Mr. Madison[18], fecha 8 de septiembre de 1815, reducida a decir a los americanos de los Estados Unidos que todos los que tomaban parte en la causa de los americanos españoles debían persuadirse que era a su peligro. Dimanó esta proclamación del escándalo con que se armaban y pasaban el Mississippi cuerpos de americanos de Nueva Orleans.

---

perteneció a la legislatura de su Estado natal y fue miembro de la Cámara de Representantes de los Estados Unidos; desempeñó funciones diplomáticas en México entre 1825 y 1830; y, designado Secretario de Guerra por el Presidente Van Buren, ocupó esa cartera ministerial durante los cuatro años de esa Administración.

Poinsett escribió *Notes on Mexico made in the autumn of 1822...*, publicadas en Filadelfia en 1824 y en Londres el año siguiente. Por nuestra parte, en la Biblioteca del Congreso, Washington D.C., hemos descubierto un manuscrito suyo, sin fecha, titulado *Notes on Chile* que se encuentra inédito.

[18] James Madison nació en Port Conway (Virginia) en 1751. Se graduó en el College de Nueva Jersey a los veinte años. Participó en el Congreso Continental en dos periodos y fue el principal redactor de la Constitución de su país. El Presidente Jefferson lo designó Secretario de Estado, cargo que ocupó durante los ocho años de gobierno de aquél.

Posteriormente, Madison fue elegido Presidente y reelegido cuatro años más tarde (1809-1817).

Durante su gobierno, en 1812, estalló la guerra anglo-estadounidense, que concluyó con el tratado de Gantes (Bélgica), suscrito el 24 de diciembre de 1814.

En relación con el movimiento independentista hispanoamericano, Madison mantuvo oficialmente una política de neutralidad frente a España y los patriotas rebeldes a ella. Efectivamente, la proclama emitida por él en septiembre de 1815 a que se refiere Carrera prohibía todo armamento y tentativa de apoyo en favor de los insurrectos países de la América Española.

Falleció en 1849.

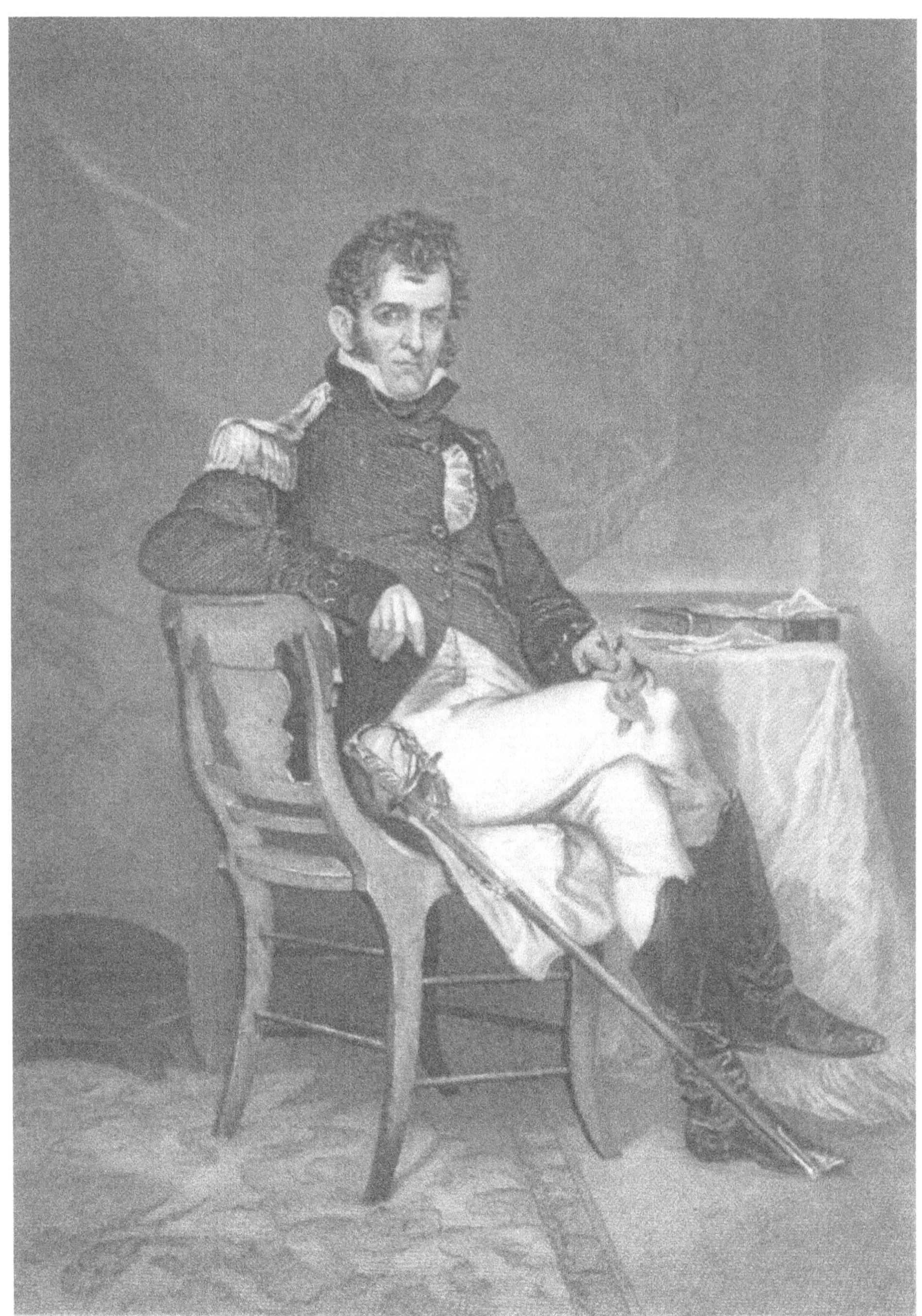

DAVID PORTER.

JAMES MADISON.

1 8 1 6
[Enero]

Día 2 de enero de 1816. A las diez del día hablamos con una fragata inglesa mercante.

Nos hallamos en los 33 grados latitud norte.

Día 3. A las diez del día hemos hablado con una goletita que hace viaje de Philadelphia para las Antillas.

Latitud 35 grados.

Día 4. Muy inmediatos de la boca del río de Chesapeake, ha cambiado el viento y a las ocho de la noche ha principiado un riguroso temporal, con truenos y relámpagos.

Día 5. Continúa furioso el temporal. El timón está amarrado, el frío es duro, y los sustos salen a la cara

Se ha tomado un pequeño pájaro de tierra y le hemos hecho una jaula.

Día 6. Al amanecer ha cesado el temporal pero la mar es gruesa.

Se avistó una fragata en la mañana.

Casi hemos perecido en la noche. Con viento de temporal y mucha mar, tomó el viento nuestra proa y el buque andaba para atrás como seis o siete millas.

Este descuido es debido a la borrachera del primer piloto.

Día 9. A las seis de la mañana se habló con un bergantín procedente de Nueva York.

Día 10. A las cinco de la tarde se dio sonda en cincuenta y cinco brazas. El viento favorable y tiempo sereno nos promete entrar al amanecer en Chesapeake.

Día 11. A la una de la mañana entramos en la boca del río. A las seis de la misma mañana dimos fondo en Norfolk para ponernos a cubierto de un fuerte tiempo que amenazaba.

En la tarde me trasbordé a un paquete[19] para continuar el viaje, porque el bergantín no tenía víveres. Monson y Erich hicieron lo mismo.

Día 12. A las ocho de la mañana dimos la vela después del bergantín.

Día 13. Entramos en el puerto de Wicomyes[20] temiendo el mal tiempo. Bajé a tierra con Monson. Corrimos sobre un pie de nieve.

Día 14. Sigue el mal tiempo.

Día 15. Comí en tierra con Monson, Erich y un americano, Mr. Diego Hagarty, cuyo carácter me agrada.

Me ofrece llevar cartas a Cádiz e informarme del estado de aquella nación. Saldrá para aquel destino, de Baltimore, dentro de quince días, de sobrecargo en una fragata.

Es un demócrata furioso.

Día 16. Dimos la vela con buen viento.

Hemos encontrado de viaje la fragata en que debe marchar Hagarty, quien se ha trasbordado, dejándome con el desconsuelo de perder tan segura proporción.

No han cesado los sustos en la noche porque los golpes del hielo estremecen el buque demasiado. El viento es muy fresco y no cesan los lamentos de las mujeres.

Día 17. Al amanecer estábamos sobre Annapolis; pero el hielo parecía no permitirnos la entrada. Se echó más vela y rompimos la nieve como una milla.

A las nueve y media de la mañana estábamos fondeados enfrente de la ciudad. A las doce bajamos a tierra y desembarcamos junto

---

[19]   Paquete es una forma españolizada de *packet*, nombre que generalmente se daba a embarcaciones menores que transportaban pasajeros y correspondencia.

[20]   No hemos encontrado este topónimo en los mapas que hemos consultado.

No obstante, en la *Carte de la Virginie, Mariland, etc.* de *Le Petit Atlas Maritime* de Bellin (1764) aparece, en la ribera oriental de la bahía de Chesapeake un río, Wighco-comoco; asimismo, en cartas náuticas de principios de siglo XIX figuran los topónimos Wicomoco y Wicocomoco, aplicados a pequeñas caletas de esa bahía. Ambas pudieron servir de refugio al paquete que transportaba a Carrera y podrían corresponder al sitio que este quiso mencionar.

al fuerte, porque la parte del muelle estaba helada. Para llegar a la posada hemos andado ocho cuadras, con la nieve a media pierna.

Taylor y el bergantín llegaron ayer.

Todos los compañeros de viaje comimos juntos con los asambleístas de Mary [en blanco][21] que pasan de sesenta.

En el momento de desembarcar supe que salía para Buenos Aires un bergantín con 4.000 fusiles. Escribí a mi Mercedes[22] y a mis tres hermanos y las cartas fueron mandadas por Taylor bajo cubierta de la Clara[23].

A Luis le incluyo una papeleta de noticias[24]. Proclama del Presidente a los americanos que pasaban al Mississippi. Venida de Jewett. Sucesos funestos de Cartagena y México que yo no creía. Buena disposición de los americanos del Norte y lo mucho que esperaba en poco tiempo.

Escribí a Mr. Porter[25], avisándole mi llegada, y la carta fue remitida bajo cubierta de otra de Monson.

[21]   Probablemente Carrera quiso escribir Maryland, cuya capital es Annapolis, y cuya legislatura es conocida como *General Assembly*.

[22]   Se refiere, sin duda, a su mujer, doña Mercedes Fontecilla Valdivieso, que se quedó en Buenos Aires mientras Carrera estaba en los Estados Unidos.

[23]   Creemos que esta persona, a cuyo nombre se remitieron las cartas, era Mary Clark, la mujer de Thomas Taylor, conocida en Buenos Aires como Madama Clara, según señalamos en una nota anterior.

[24]   Lo que sigue inmediatamente en el *Diario…* es un resumen de las noticias enviadas en esta oportunidad a Luis Carrera.

[25]   David Porter nació en Boston, Massachusetts, el 10 de febrero de 1780. Hijo de David Porter y de Rebecca Gay. Desde los dieciséis años participó en actividades navales y entró a la Armada de su país en 1798, como guardiamarina. En 1811 fue designado comandante de la *Essex* y en 1813 inició en el Océano Pacífico la misión de proteger las naves estadounidenses y capturar embarcaciones enemigas. Encontrándose en Valparaíso llegaron en su persecución los buques británicos *Phoebe y Cherub*, comandados por el comodoro James Hillyar, y después de un estrecho bloqueo que impidió a Porter salir a alta mar, un combate tuvo lugar frente a La Cabritería, en Valparaíso, el 28 de marzo de 1814. Fue una sangrienta lucha en la cual los estadounidenses sufrieron elevadas pérdidas y Porter se vio forzado a rendirse.

Durante su estada en Chile, Porter no conoció a José Miguel Carrera; pero sí estuvo con su hermano Luis, en Valparaíso, en marzo de 1813.

Porter publicó dos años espués la obra *Journal of a cruise made to the Pacific Ocean…*, en la cual daba detalles de su acción en esas aguas. En la segunda edición de la misma

Conocí a Mr. John Randall Shaw[26], comisario de la fragata de guerra *Essex* que estuvo en Valparaíso. Me ha convidado a comer con él mañana y he admitido, y lo mismo Mr. Monson.

Día 18. He escrito a Jewett avisándole mi llegada y pidiéndole nos entendamos antes de emprender. Una carta le dirigí a New York, otra a New Bedford y otra a New London donde tiene el bergantín.

He comido con Shaw y me ha presentado a su mujer que se llama Margaret Shaw, a su tío Mr. John Randall, su tía Mrs. Deborah Randall, dos primas Miss Elisa y Miss Ann Randall, cuya familia es muy amable.

Ya pierdo el temor de encontrar en los Estados Unidos el trato tan terco de los ingleses porque así me informan.

Día 19. Mr. Shaw me ha llevado a ver la casa de la Asamblea, que estaba actualmente en sesión. Conté cincuenta representantes. Nada de lo que hablaban pude entender.

Vi la sala de armas y me ha parecido muy bien por su buena disposición y excelente calidad de armamento que consiste en 300 fusiles y rifles, y pocas pistolas y sables ordinarios.

Día 20. Salí para Baltimore con Monson en un mismo coche con Mr. Shaw, con su mujer y su madre Mrs. John Shaw. Llegamos a las tres de la tarde.

(Nueva York, 1822) se refirió ampliamente a su combate frente a Valparaíso y transcribió su correspondencia con James Hillyar.

En 1815 fue nombrado comisionado de la Junta Naval (*Naval Board*), importante organismo directivo de la Marina de los Estados Unidos. Ese era el cargo que desempeñaba cuando Carrera llegó a los Estados Unidos.

Después de cumplir importantes funciones consulares y diplomáticas en Argelia y Turquía, Porter falleció en Constantinopla el 13 de marzo de 1843 (en *El Ostracismo…* Vicuña Mackenna afirma que murió el 28 de ese mes, día aniversario del mencionado combate…).

[26]   John Randall Shaw fue permanente acompañante de Carrera en los Estados Unidos y, además de poner en contacto a José Miguel con su familia, fue padrino en la incorporación del general en la logia neoyorquina N° 1 de San Juan, el 24 de febrero de 1816.

En el momento me visitó Taylor, y Erich me convidó a comer en nombre del dueño del bergantín *Expedición* y me excusé a admitir.

Taylor me asegura que este caballero le ha ofrecido el buque para el corso y que está dispuesto a todo lo que conduzca al bien de los americanos.

En el momento de mi llegada he salido con Mr. Monson para mandarme hacer alguna ropa, porque he llegado desnudo.

Domingo 21. Mr. Shaw me visitó con Mr. Thomas Randall, capitán de artillería, y con Mr. Archibald Dobbin, su tío político, quien me convida al té mañana en su casa. El capitán parece excelente joven.

En la noche visité una iglesia de metodistas y me ha divertido el ver las ridículas ceremonias de esta religión.

Conocí también a Mr. Henry Randall, hermano del capitán.

Lunes 22. Anoche recibí carta de Mr. Porter. Me convida a Washington. Me dice que he llegado en el mejor tiempo, que tiene permiso para presentarme al Presidente como amigo, que conviene cambiar mi nombre, que Mr. Poinsett está en Charleston, etc.

He escrito en el momento a Mr. Poinsett y determino pasar el miércoles a Washington, acompañado de Mr. Shaw porque Monson tiene precisión de llegar a New York, para donde saldrá pasado mañana.

Visité a Mr. Dobbin y a su mujer Mary, tía carnal de Shaw. Conocí en esta ocasión a Miss Olivia Gill y a Miss Mary Anna Karrick, a quien pretende Mr. Thomas Randall.

Mr. Hagarty no efectuó al fin su viaje para Cádiz y hoy salió para New York, adonde debo remitirle las cartas para Cádiz. Este hombre acredita a cada momento más amistad. Parece muy honorable. Salió ayer 21.

Miércoles 24. Monson se marchó a las tres de la mañana, ofreciéndome su casa en New York.

Yo no he salido a Washington porque no alcanzamos el coche.

Taylor me ha presentado a Mr. Didier[27], dueño del bergantín *Expedición*, a quien he informado del estado de la América del Sud. Me asegura que a más de los 3.000 fusiles remitidos en el *Expedición*, han salido 12.000 para aquellos países. Me ofrece entrar en una contrata condicional para que vaya al Pacífico un bergantín que tiene en Philadelphia con 4.000 fusiles. Me ha ofrecido carta de recomendación para ser introducido al Presidente. No la he admitido y hemos quedado en tratar a la vuelta de Washington.

Mr. Shaw me ha presentado en casa de Mr. [en blanco].

Recibo carta de Mr. Poinsett, fecha 15 de enero, contestación a la que escribí en la mar. Me anuncia haber pagado los 1.700 pesos.

Jueves 25. La gaceta de antes de ayer de Baltimore contiene noticias interesantes de Francia. En Tolón se ha enarbolado la bandera tricolor y las baterías han destruido una fragata.

Las noticias de Cartagena son muy favorables. Los patriotas prosperan.

La *Gaceta* de New York del 11 de este mes contiene la siguiente noticia. Un corsario de Cartagena encontró a la escuna

---

[27]   Henry Didier era un acaudalado armador y comerciante estadounidense. Carrera inició su correspondencia con él solicitándole que le remitiese a Nueva York las cartas que tuviese en el correo de Baltimore. Posteriormente le pidió su cooperación para la recuperación de un dinero que en 1813 salió de Chile y transportado en el buque *Melantho* fue incautado por ingleses.

Como consta del *Diario…* el 15 de septiembre Carrera solicitó a Didier un préstamo por cuatro mil pesos, para la habilitación de oficiales, soldados y artesanos. Dicha petición fue rechazada, lo que motivó una carta de Carrera, fechada a 22 de septiembre en la que expresa a Didier: *"Conozco, mi amigo, que su negativa al empréstito de los 4.000 pesos dimana de la escasez de este artículo en el día. Paciencia. Otros tiempos serán mejores. Yo vivo satisfecho de la generosidad de V. y puedo asegurarle que hice la súplica con mucho pesar"* (hay transcripción de esta carta en el "copiador").

De diversos documentos que se conservan en el Archivo Nacional resulta que Didier, socio de la firma D'Arcy y Didier, decidió, a mediados de agosto, poner a disposición de Carrera la corbeta *Clifton*. En el *Diario…* hay abundantes noticias acerca de la marcha de esta operación, que permitió a Carrera emprender su viaje de regreso a Argentina.

española *Místico*, su capitán Francisco López. Fue despojada de 70.000 pesos que conducía en treinta y dos cajones y despedida cortesmente. En un temporal desarboló y arribó al sur de estas costas.

Hay noticias de que el capitán que conducía los 5.000 pesos los ha salvado después de presa la *Melantho*[28]. Mr. Shaw ha encargado de la cobranza a su tío Mr. Dobbin.

Llegamos a Washington a las seis de la tarde y me he alojado en una posada llamada de Franklin, en donde está pronta una sala y cuarto de dormir de orden de Mr. Porter, quien se me ha presentado con muestras de sincera amistad. Hemos hablado largamente y mañana seré introducido al conocimiento del Presidente.

Anoche recibí una carta de Mr. Poinsett que me ofrece escribir al día siguiente y también a sus amigos en Washington, etc., etc. La he contestado en esta noche.

Viernes 26. Mr. Porter me ha llevado en su coche a ver el Presidente, cuyo hombre me ha parecido muy bien y manifiesta en todo que es Jefe de una nación libre. Le he entregado el oficio del Director de Buenos Aires como de secreto, porque así me lo encargó Porter[29].

---

[28] Ya hemos aludido a este asunto. La cobranza de esta suma había sido encargada a la firma Palmer & Hamilton; pero, a la postre, Carrera se desistió de estas gestiones.

Los documentos que hemos compulsado dejan fuera de duda que los cinco mil pesos que se destinaron a la compra de una imprenta, en 1813, no eran del peculio personal de Carrera como han sugerido algunos historiadores. *Asi lo reconoció el propio Carrera en una carta a Bernardo O'Higgins*, Director Supremo de Chile, despachada desde Buenos Aires el 15 de marzo de 1817: *"Después de muchas diligencias practicadas por mí en Estados Unidos para recoger los 5.000 pesos que se remitieron de orden del Estado para comprar una imprenta, sólo pude averiguar lo que consta de los documentos originales que acompaño. No tengo la menor duda de que el capitán se quedó con ellos; pero el recobrarlos era obra que habría costado más que la cantidad perdida"* (hay una transcripción de esta carta, sin sus anexos, en el "copiador").

[29] No existe una relación de la entrevista que Carrera, presentado por Porter, tuvo con el Presidente de los Estados Unidos. Aparte de esta anotación en el *Diario...*, Carrera resumió la parte pertinente de una carta suya a Poinsett, de 7 de febrero de 1816, en los siguientes términos: *"Presentación a Madison, a Monroe que no estaba en casa.*

He visto el colegio de católicos de [en blanco] a donde me llevó Porter que tiene en él a su hijo y los dos de Blanco[30].

Pasamos al Congreso actualmente en sesión.

El Congreso ha pedido al Presidente una explicación de las solicitudes del Embajador español y han sido remitidas. Son reducidas a pedir las Floridas, los americanos españoles refugiados a estos Estados, y particularmente un Cónsul americano que estuvo en México. También solicita que se entreguen los corsarios de los insurgentes que han entrado en estos puertos.

Mr. Porter me asegura que no está distante la guerra y me promete que tendré la protección del Gobierno; pero que es preciso esperar cinco o seis meses.

Fui a presentarme con él al Secretario de Estado y no estaba en casa[31].

Conocí a Mme. Porter.

Día 27. Sábado. Mr. Porter no vino a casa. Le visité en la mañana y no le encontré. En la noche volví y estuve con él y su mujer hasta las diez. Nada adelanté en mis asuntos porque Shaw se me separó

Entrega del oficio del Director, reducido a recomendarme y a pedir auxilio" (transcripción en el "copiador").

En ese copiador se transcribe, asimismo, una carta de Carrera al Director Supremo de las Provincias Unidas del Río de la Plata, fechada a 12 de marzo de 1816, en la que se lee: *"A los nueve días después de mi arribo a estos Estados, tuve el honor de entregar al Sr. Madison el oficio que V.E. se dignó confiar a mi cuidado. Lo hice reservadamente porque así se me previno por persona que conoce las intenciones de este Gobierno"*.

[30] Carrera se refiere a Remigio Blanco, que había sido Vicecónsul de Estados Unidos en Valparaíso, en la Patria Vieja. Blanco trabó amistad con Porter con ocasión de la estadía en ese puerto de la *Essex*, y ofreció un baile en su casa, para los marinos estadounidenses, el 23 de marzo de 1813.

Los hijos de Blanco, de cuya formación en los Estados Unidos estaba encargado David Porter en 1816, eran Luis y Mateo. No sabemos el nombre del colegio en que se educaban juntos con el hijo de Porter; debe haber estado en la misma ciudad de Washington o en sus alrededores. Por una carta de Remigio Blanco a Porter, de fecha 12 de febrero de 1816, despachada desde la isla de Juan Fernández donde se hallaba confinado, sabemos que el Director de ese colegio era el padre Juan Grassi (encontramos el original de esta carta de Blanco en la William Clements Library de Ann Arbor, Michigan).

[31] Se trata de James Monroe (1758-1831), que ocupó el cargo de Secretario de Estado del Presidente Madison entre 1811 y 1817.

y apenas podíamos entendernos. Quedamos en esperar cartas de Poinsett para resolver. Poinsett está nombrado Enviado de Rusia[32].

Me despedí para Baltimore.

Conocí a D. Pedro Gual[33], diputado de Caracas, que vivía en la misma posada. Hemos quedado en escribirnos para informarnos mutuamente del actual estado de la América española.

Domingo 28. He vuelto a Baltimore de Washington, porque me ha parecido muy conveniente no estar inmediato al Gobierno.

---

[32]   Poinsett había estado en Rusia antes de su misión en América del Sur. Hablaba el idioma ruso y eso hace explicable que, después de su regreso a los Estados Unidos en 1815, se haya pensado en nombrarlo representante diplomático de su país ante el Zar. Esta noticia la había confiado Porter a Carrera; pero el nombramiento no se concretó.

[33]   Pedro Gual, que aquí aparece como "diputado" de Caracas (es decir, como representante oficioso, en el estilo de la época y dentro de la situación planteada por entidades hispanoamericanas todavía no reconocidas como Estados independientes) fue amigo y confidente de Bolívar.

Gual nació en Caracas en 1784 y estudió en la Universidad caraqueña; pero apenas concluyó sus cursos tuvo que emigrar a la isla de Trinidad por sus ideas revolucionarias. En 1810 regresó a su ciudad natal; mas, dos años después, debió escapar a Estados Unidos desde donde pasó a Cartagena de Indias. En vista del fracaso de la batalla de la Puerta se embarcó para Saint Thomas. Retornó a Cartagena y posteriormente viajó otra vez a Estados Unidos en misión de Nueva Granada.

Carrera conoció a Gual en ese tiempo y confió a Poinsett que le había hallado *"algo de raro y mucho de presumido"* (carta de Carrera a Poinsett de 11 de febrero de 1816; en "copiador"). Mantuvo contacto epistolar con él aun después de que Gual dejó los Estados Unidos.

Gual se había recibido de abogado en Washington y tenía bufete abierto cuando fue llamado por Bolívar. Se trasladó entonces a Haití, pasó a Jamaica y se incorporó a la famosa expedición de Montilla y Brion, que dio por resultado la emancipación de Cartagena, Santa Marta y Río Hacha.

Nombrado Ministro de Hacienda y de Relaciones Exteriores, en 1826, actuó como representante de su país en el Congreso de Panamá. Se retiró de la vida política hasta 1837, año en el cual viajó a Europa en misión del Gobierno de Ecuador. En Madrid celebró el tratado de reconocimiento de la independencia ecuatoriana. Viajó a Bogotá en 1844; pero solo pudo volver a Venezuela en 1848. Diez años más tarde, Caracas lo aclamó como Presidente provisional y en 1859 fue electo Vicepresidente de la República llegando a desempeñar la presidencia venezolana cuando Tovar renunció a ella.

Gual falleció en Guayaquil a los setenta y ocho años de edad.

Lunes 29. Con Mr. Shaw y su familia visité el Museo, en el que coloqué una moneda de la República bonaerense.

Martes 30. Comí en casa de Didier, acompañado de Erich.

Allí conocí a Mr. Van Kapff y a Mr. Arthur Nichols nombrado sobrecargo del bergantín *Regente*, que saldrá dentro de un mes para Buenos Aires o Chile con armamento. He ofrecido a Nichols recomendaciones y cartas para mi familia e instrucciones de lo que debe hacer.

Nichols es un infeliz apostólico romano y desea establecerse en Chile con su mujer, cuando esté libre.

Miércoles 31. Recibí carta de Poinsett con recomendaciones para el Secretario de Estado Monroe, para Devereux[34], que se fue en el bergantín *Mammoth*, y para Gual. Me pide noticias de mis planes y, en contestación, ofrece decirme lo que se ha hecho y lo que se debe esperar.

[34]   Devereux, mencionado asimismo como D'Evereux, estaba a la sazón vinculado con los hombres de negocios que empezó a frecuentar Carrera; era conocido de Poinsett.

En enero de 1816 el representante diplomático de España en los Estados Unidos, don Luis de Onís, tuvo noticias de que se hallaba en Baltimore, esperando la ocasión de embarcarse para Buenos Aires, con el carácter de Cónsul General, "un tal Mr. Devereux" y representó esta situación al Secretario de Estado Monroe. Este le respondió que el único título que se había dado a Devereux era el de "Agente de Comercio" y sus instrucciones eran de informarse sobre la situación en Lima, Chile y Buenos Aires, sin mezclarse en lo más mínimo en los asuntos políticos (Oficio de Onís a D. Pedro Cevallos, Ministro de Fernando VII, fechado a 17 de enero de 1816. Se conserva en el Archivo Histórico Nacional de España, Legajo 5641, Vol. 1).

Devereux desempeñó luego otros cargos oficiales y en el *Archivo de Vicuña Mackenna* se conservan diversas cartas suyas a Carrera.

[Febrero]

Jueves 1 de Febrero. Llegó Mr. Jewett a la hora de comer. En la noche me informó de todos sus esfuerzos por auxiliar a Chile. Ha hecho con Mr. Henry Didier una contrata condicional para que vaya el bergantín *Mammoth* a recibir mis órdenes.

[espacio en blanco]

Tomé el té en casa de van Kapff y fui con él a un concierto para el que me mandó tarjetas Mr. Didier.

Viernes 2. Entregué a Niles[35], autor de un periódico así titulado, una relación del estado de defensa, etc., que tenían en noviembre las Provincias de Buenos Aires. Me ofrece publicarlo en la semana próxima.

Sábado 3. Acompañado de Jewett, Erich y Fowl salí para Philadelphia a las cuatro de la mañana. Dormimos en Lancaster, en donde encontré a Mr. Shaw con su mujer y a He......[36], el zapatero americano que estuvo en Chile.

---

[35] Se refiere a Hezekiah Niles (1777-1839) quien, desde el 1º de septiembre de 1811, publicaba en Baltimore el *Niles's Weekly Register*. Este periódico fue de gran importancia y en 1818 llegó a tener más de diez mil suscriptores. Además, en la época en que Carrera estaba en los Estados Unidos, Niles fue director de la primera edición estadounidense de *The Independent Whig*.

Fue alto dignatario en la Orden Masónica de Baltimore.

[36] Seguramente Carrera alude a Mr. Hicks, un zapatero estadounidense que estaba radicado en Chile en 1812.

Según una carta de Poinsett a William G. Miller, fechada a 22 de julio de ese año –cuya copia se conserva en los National Archives de Washington D.C.–, este zapatero fue el principal responsable de una reyerta entre civiles estadounidenses y soldados chilenos, que tuvo lugar en Santiago el 4 de ese mes de julio y en la cual fue mortalmente herido William Burbridge, uno de los impresores de la *Aurora de Chile* (en dicho periódico, el impresor aparece identificado como Guillermo H. Burbidge; nosotros damos su apellido en la forma que lo escribió Poinsett).

Domingo 4. Llegué a Philadelphia a las cinco de la tarde y, por no haber encontrado cuartos en el Hotel de Washington, me alojé con Jewett en una posada particular; su dueña, Mrs. Taylor's.

Lunes 5. Compré una obra histórico-geográfica de los Estados Unidos, dos tomos en pasta, con cartas topográficas, en 5 pesos y un manual de la población en 2½ pesos.

En la misma tienda se está concluyendo una famosa carta de toda la América del Norte, incluso México.

Martes 6. Escribí a Mr. Porter, incluyéndole la carta de recomendación de Poinsett a Monroe, Secretario de Guerra [sic!], y pidiéndole me informase si vendría Poinsett prontamente a Washington.

Hoy ha sido enterrado el capitán Carson. Salió este hombre a la mar hace tres años, dejando a su mujer e hijos en este pueblo. Volvió quince días ha y encontró casada a su mujer con Mr. Smith. Carson, acompañado de dos amigos, fue a su casa a sacar a sus hijos y unas mil onzas de oro. La mujer pidió a Smith de matar a Carson, y lo ejecutó dándole un balazo al indefenso Carson, que ha vivido quince días para más sacrificio. Queda preso Smith y dicen que también la señora, quien es hija del capitán de marina Mr. [en blanco].

Acompañado de Mr. Shaw vi el famoso navío de guerra *Franklin* de 90 cañones. En los almacenes de este buque hay unos fusiles de 7 cañones y cada cañón de 7 tiros. Salen con diferencia de un segundo cada uno de los tiros; pero los 7 cañones y los 49 tiros no necesitan ni tienen más que una llave, cuyo gatillo se tira una sola vez. Se necesita bastante trabajo para cargarlos y las balas son de una figura muy distinta de las comunes. También me mostraron una pistola de 8 tiros y de un solo cañón, de la misma figura de las comunes.

Escribí a Mr. Henry Didier, pidiéndole que las cartas que tuviese en el correo de Baltimore se me remitiesen a New York. Escribí también a Gual, incluyéndole la carta de recomendación de Poinsett, diciéndole que la gaceta de Baltimore le daría una idea del estado de las provincias de Buenos Aires y Chile y que esperaba el que me había ofrecido de Caracas, Santa Fe y Cartagena, etc.

Miércoles 7. Escribí a Luis, Javiera[37], Mercedes, Guillermo Orr, Handford, Brown, García, Bustamante, Diego Benavente, para remitir las cartas y gacetas por el bergantín *Olive Branch* (su sobrecargo, Samuel Mefflin) que conduce armas y municiones para el Sud.

Me visitó Mr. Crammond (William)[38] y a pocas palabras empezamos a hablar del bergantín *Olive*. Me ofreció mandar las cartas con toda seguridad. Me convidó a comer y me excusé. Para este señor traje recomendación de Didier que le entregué cuando me visitó.

También me visitó Mr. Miller y su hijo, pero no me encontró y me dejó una esquela con el número y calle de su casa.

D'Arcy me deja su solo apellido en un ridículo papelito. Me visitó Mefflin.

Con Mr. Shaw vi el Museo de esta ciudad.

Escribo a Mr. Poinsett en contestación a la suya del 18 de enero; digo 17.

Jueves 8. Volvió a visitarme Mr. William Crammond. Me convidó a tratar armamentos y cuando por lo que había hablado con Didier admití, me dijo que las contratas que ahora hiciésemos tendrían efecto al saberse que Chile estaba enteramente libre. Contesté que para entonces sobraba dinero y, en mí, voluntad para ir a las costas de Alemania y Holanda a comprarlo todo por una cuarta parte de lo que él me daría los efectos de guerra; que ya conocía los medios y los caminos. Cosquillas causó esta respuesta al judío.

Pagué su visita a Mr. Miller que no estaba en casa.

Visité después a la mujer de Mr. George Erich con quien y a sus instancias fui a verla.

---

[37] Sin duda se trata de doña Javiera Carrera, quien entonces vivía en Buenos Aires.
[38] William Crammond es un personaje que figura a menudo en este *Diario…* Era un estadounidense que trabajaba en contacto con Didier y se interesaba en negocios de armamentos. Carrera, en una carta, lo describe como un "comerciante" de Philadelphia que daría los auxilios necesarios para comprar "ciertos instrumentos" (Carta de Carrera a un destinatario no identificado, de fecha 7 de noviembre de 1816. En "copiador").

Mucho agasajo y ofertas de la señora llamada [en blanco] para introducirme en las sociedades de New York. Tiene una chiquita de tres años; su nombre [en blanco].

Ayer he visto el famoso hospital de este pueblo acompañado de Erich, Shaw y Jewett.

Quisimos ver la prisión y no se nos permitió sin que llevásemos recomendación de sujetos respetables y vecinos de esta ciudad. No hay ya tiempo.

He mandado a Jewett para que hable con un comerciante Curcier para ver disimuladamente si quiere entrar en negociaciones sobre Chile. Ha vuelto ofreciendo visita a nombre de este señor para las siete de la noche. He esperado hasta las ocho y ha faltado.

Esta noche he hablado con Mr. David P. Adams[39], capellán que fue de la *Essex*, conquistándole para que establezca en Chile la enseñanza de las matemáticas. Es famoso en esta ciencia, según dicen, y lo veo muy inclinado a marchar conmigo.

También me habla de un capitán de la tropa del *Franklin*, que ha sido tirado del servicio por mero capricho del Jefe. Quiere este joven marchar conmigo; se llama [en blanco].

He conocido y visitado durante estos cuatro días a Mrs. Biddle, en cuya casa paró Mrs. Shaw por relaciones de parentesco.

Viernes 9. Vuelve a visitarme Mr. Miller con su hijo quien habla muy bien el español. Muchas ofertas y me pide que a mi vuelta le visite; que su mujer desea conocerme, etc., etc.

Mr. Samuel Mefflin me pide carta de recomendación para mi familia y se las he prometido.

Se ha presentado Mr. Andrés Curcier, de nación francés. Ha manifestado liberalidad y dice que quiere ayudar la causa del Sud con muy poca utilidad suya. No tiene dificultad en expedir para

---

[39]   Esta es la única mención de este nombre que se encuentra en el *Diario...* Agreguemos que en una carta del capitán de la *Essex* al Secretario de la Marina, de fecha 3 de julio de 1814, se expresa que la asiduidad, benévolas atenciones y ayuda del capellán Adams salvaron la vida de muchos de los heridos en el combate de La Cabritería (David Porter *Journaf of a cruise...*, edición de 1822, T. II, p. 170).

Chile la corbeta *Wasp*, que actualmente está en viaje para Buenos Aires con armamento. La espera para mayo. Hemos quedado en correspondernos por escrito para ajustar algunas contratas. Jewett no había hablado antes a este señor por insinuaciones de Crammond; pero hoy le ha asegurado que gustoso habría destinado su corbeta a Chile si se lo hubiese propuesto antes de salir para Buenos Aires. Entre otras cosas me asegura Curcier que el armamento comprado por Didier, Crammond, D'Arcy, etc., al gobierno de Estados Unidos es en 5 pesos cada uno de los fusiles, a excepción de los que llevó el bergantín *Expedición*, que fueron pagados a 7 pesos. Yo lo creo.

Mr. Erich, hablando conmigo de un regalo de 5.000 pesos que le habían hecho sus amos de resultas de su buen comportamiento en Buenos Aires, me dijo estas terminantes palabras: "Nada hacen en este obsequio, cuando he sabido traerles más de 80.000 pesos por un cargamento cuyo principal no pasaba de 32.000 pesos". En este momento se olvidó Erich de las falsísimas protestas, que me hizo en la mar, de no poderse dar fusiles en Buenos Aires por menos de 18 pesos, porque su principal era de 11. Mucho hablaba este judío contra el Cónsul Halsey, porque había contratado con el Director fusiles a 14 pesos.

Mr. Curcier asegura que los que hoy mandan armamento a Buenos Aires remitieron a Caracas una partida de fusiles tan pésimos que muchos juzgan que esta falta ha influido en la subyugación de aquel Estado. La verdad de eso me será fácil saber por D. Pedro Gual.

Salí de Philadelphia a las doce del día, acompañado de Taylor, Jewett, Shaw y su mujer.

He conocido a la hermana de Taylor, llamada [en blanco] y a su marido Mr. [en blanco]; tienen dos chiquitos.

Dormimos en Princeton.

Sábado 10. He llegado a New York a las seis de la tarde.

Me vestí y con Jewett y Taylor fuimos al teatro. ¡Qué de p...! Nunca vi más escándalo.

He alojado en la posada Mechanique Hall. Hay muy regular servicio de mesa y es muy indecente el de los aposentos.

Domingo 11. Visité a Mr. Monson y he conocido a su suegro, Mr. [en blanco] Castle, fabricante de roldanas o motones para buques; a su mujer, Mrs. Isabel y a su hija, Miss Isabel, de cinco años de edad. Tiene dos cuñadas Miss Sharil Angela y Miss Ana [en blanco].

En la tarde he ido con Shaw, Taylor y Monson a ver el *steamboat* de guerra. Es un fuerte volante y muy fuerte.

Inmediato a este buque hay una corbeta nuevamente construida, comprada por comerciantes de La Habana, para traer, según dicen, negros de África. Otros dicen que para darle el destino de paquete desde La Habana a Veracruz. Siento ver tan buen buque en manos de españoles y, aunque no es de temerles, voy a tratar de pegarle fuego del mejor modo posible, sin embargo que hay peligros.

En la noche con Mr. Jewett y Taylor...............

Un Jueves Santo en Chile no es tan triste como un domingo en New York. Ni coches ruedan. Las campanas suenan como en día de ánimas y los semblantes son de arrepentidos.

Monson me ha entregado cartas de Poinsett, Porter y Ross[40] El primero me llama a Charleston; el segundo me incluye las car-

---

[40]   Henry Ross (que a veces firmaba sus cartas como Enrique Ross) había llegado a Chile hacia 1812 y, según Barros Arana, "poseía algunos conocimientos, un espíritu ardoroso y resuelto, grande entusiasmo por las instituciones democráticas y liberales". Luchó en calidad de capitán en los Granaderos de Chile, junto con el teniente Santiago Bueras, en el encuentro de Yerbas Buenas (26 de abril de 1813). Allí recibió cinco balazos y quedó con su uniforme hecho girones por muchos otros golpes que recibió. Conforme a un decreto de 15 de julio de ese año, su nombre debía inscribirse en la pirámide que se alzaría en la plaza de Santiago para honrar la memoria de los mártires de la libertad (Barros Arana, *Historia General de Chile*, T. 9, p. 76).

Ross regresó a los Estados Unidos en fecha que ignoramos y, ya repuesto de sus heridas, se reunió con Carrera. Como veremos en otra nota, en mayo de 1816, por instrucciones de este, servía de guía al argentino Martín Thompson; pero, después, por causas que desconocemos, fue puesto en prisión. En el *Archivo Vicuña Mackenna* hay patéticas cartas de Ross, del segundo semestre de 1816, en las cuales solicita a Carrera que le ayude a salir de la cárcel.

tas de Poinsett y manifiesta los mejores sentimientos por nuestra causa. Ross está actualmente aquí y le he hecho una visita en su muy infeliz posada.

He contestado a Poinsett sus cartas del 28 y 29 de enero.

Lunes 12. Contesté a Mr. Porter su carta del 1º de febrero[41].

[41] La respuesta de Carrera a Porter, que encontramos en la William Clements Library de Ann Arbor, Michigan, fue del siguiente tenor:

"New York, 12 de febrero de 1816.

Escribí a V. desde Philadelphia el 6 de este mes incluyendo una carta de recomendación de Mr. Poinsett. Ayer me entregó Mr. Monson una carta de V., fecha del 1º, y dos de Mr. Poinsett bajo la misma cubierta que parece han estado algunos días en el correo de Baltimore hasta que se escribió de remitirlas aquí.

Las cartas de nuestro amigo Poinsett nada dicen de venir y me pide pase a Charleston en donde me espera. Supongo que entonces no tendría noticia de su destino; así es que no puedo resolverme a marchar sin que V. me dé alguna idea de lo que será más acertado.

He visto las descabelladas pretensiones propias de un Ministro de Fernando y las enérgicas contestaciones que ha recibido. Ya he mandado esta correspondencia a Buenos Aires. Nunca he dudado del entusiasmo de los hermanos del Norte por la felicidad de los del Sud. Ojalá llegue el momento de ver a V. comprometido activamente; en tal caso sería yo muy feliz y más si tuviese la fortuna de acompañarlo en la empresa: quizá está reservada a V. la gloria de la libertad de la más preciosa parte del Sud. Lástima es no poderse sacudir de la neutralidad a que obligan las circunstancias.

La relación de la gaceta no parece conforme con la verdad en algunas cosas. Por el consejo de V. di al redactor del Niles' Weekly noticia del estado de Buenos Aires y Chile en el mes de noviembre, para que se publicase. Creo que ya le habrá V. visto porque me prometió la publicación en la semana que ha pasado. Si a V. le parece, extenderemos más la noticia.

No tardará en llegar de Buenos Aires un manifiesto muy menudo de todos los acontecimientos de Chile después de la revolución, que dejé en la prensa a mi salida. Pondré en manos de V. algunos ejemplares y de él puede sacarse bastante para la prensa.

El capitán Jewett me encontró en Baltimore y hasta hoy me acompaña. Luego se irá para New London.

Por esperar la correspondencia de Mr. Poinsett fui omiso en escribir a V. En adelante no será así. Tendré la mayor complacencia en volver a ver a V. y en recibir sus apreciables letras.

Hágame V. el honor de ponerme a los pies de Mrs. Porter y de creerme su apasionado y atento servidor

J. M. de Carrera".

Me ha visitado Mr. James G. Forbes[42], sujeto recomendable en el concepto público. En la última guerra contra los ingleses ha sido coronel de un regimiento.

También me ha visitado Mr. Charles W. Wooster[43], amigo de Jewett, con quien ha hablado para emplearse en el servicio de Chile; no me ha gustado su aspecto.

Ayer conocí la familia de la mujer de mi amigo Shaw. Su suegro Mr. [en blanco]; suegra Mrs. [en blanco]; abuela Mrs. [en blanco]; cuñado Mr. [en blanco]. Cuñadas, Mrs. [en blanco], Mrs. [en blanco], Mrs. [en blanco]; la primera viuda de [en blanco].

Martes 13. Comí con Monson en compañía de Jewett y de Taylor. Pobre casa. Pobre gente.

Tomé té en casa de Wooster y allí he conocido a Mr. [en blanco], fabricante de buques. Este hombre es ya rico y piensa en especulaciones mercantiles. Va a despachar, en compañía de otros, una goleta con armamento y efectos franceses para el Sud. Me provoca a entrar en contratas para Chile y por esto he quedado en verlo pasado mañana en casa de Mr. [en blanco], uno de sus compañeros. Hablando con este hombre sobre un buque de

---

[42]   No hemos encontrado mayores antecedentes biográficos sobre Forbes. Como se verá, el *Diario...* registra múltiples contactos entre él y Carrera, particularmente en materia de adquisición de armamentos y de préstamos en dinero que efectúa a este.

[43]   Este personaje, de nacionalidad estadounidense, se menciona en diversos documentos chilenos como Carlos Guillermo Wooster; pero su nombre original era el que aquí le da Carrera.

Wooster nació en New Haven, Estado de Connecticut, en 1785. A los 19 años era capitán de un buque y a los 25 fue nombrado capitán de puerto de Nueva York. Obtuvo el grado de coronel de las fuerzas marítimas neoyorquinas. Con posterioridad a la batalla de Maipo, en los Estados Unidos se le ofreció un puesto en la Marina de Chile, lo cual aceptó. Hizo entonces construir un bergantín que fue oficialmente armado en guerra por el Director Supremo de Chile (representado por Manuel H. de Aguirre) en Nueva York, el 7 de octubre de 1817.

Wooster participó en la captura de la *María Isabel* en Talcahuano; fue nombrado capitán de fragata el 25 de septiembre de 1818; miembro de la Legión de Mérito en 1821, y capitán de navío el 27 de octubre de 1824. Cinco años más tarde recibió sus despachos de contralmirante. En 1835 resolvió regresar a los Estados Unidos (tomamos estos datos del *Manifiesto que da en su despedida de Chile el contraalmirante D. C. Wooster*, publicado en la Imprenta de La Opinión, Santiago, en 1836).

guerra que se construye para Chile, por propuestas de Jewett, me dice que no hable nada sobre el particular delante de [en blanco].

Me ofrece que mandará a Chile un fabricante de su profesión.

Conocí en esta casa a Mr. [en blanco], quien iba de capitán en la goleta [en blanco] que se perdió en esta costa a causa del hielo, estando en viaje para llevar fusiles a Buenos Aires. Es muy recomendado por la defensa.

Miércoles 14. Visité a las siete de la noche a Mr. Forbes. Hemos hablado largamente sobre las especulaciones de auxilio a Chile. He manifestado mi dictamen con toda ingenuidad. Forbes no tiene mucha cabeza. Me ha convidado a comer con él mañana.

Con Mr. Jewett a...............

Jueves 15. Comí con Mr. Forbes, acompañado de Mrs. Forbes y de [espacio en blanco].

En la noche he ido a un baile público con Mr. Shaw y su familia.

Concurrí a las doce y media a la casa de Mr. [en blanco] y, por resultado de nuestra conversación, hemos acordado ver el lunes próximo los efectos de guerra que tiene para embarcar en la goleta.

Viernes 16. Jewett ha marchado a las siete de la mañana. Va con el objeto de cobrar la parte de interés que tiene en el bergantín [en blanco], que está actualmente en New London como propiedad de Detastet. No ha podido avenirse con Taylor, quien tiene 4.000 pesos en el propio buque, porque faltan sesos. Lleva Jewett carta para [en blanco].

He mudado de posada y pasado a una casa de pensión (su dueña, Mrs. Rosekrans) por buscar cuarto solo y no tener tantos gastos.

Taylor pagó por mí 45 pesos y, aunque se los deba en dinero, me dice los deje en mi poder porque es regular tendrá que librarlos en favor de Mr. [en blanco]. A esta cuenta agregaré 10 que me dio en Baltimore, en casa de...... Observo generosidad en este hombre.

Empiezo a estudiar el inglés con un muchacho de Burr[44]

Mr. Forbes ha venido a casa, me ha traído una prensa para manuscriptos, que la presta durante mi permanencia en este pueblo.

He ido con él a ver fusiles, sables, vestuarios, gorros, etc., acopiado todo con destino a Chile; pero todo de la más pésima calidad. Ya no podrán hacer en Sud América lo que con los negros de Angola.

He remitido por mano de Forbes a Crammond las cartas para Luis que escribí en Philadelphia, gacetas y la carta de recomendación para Mefflin. Las cartas, por si llegan primero a Montevideo, tienen sobrescrito para Messrs. Stewart & Mc.Caul.

Sábado 17. Vi en la noche a Mr. Forbes y tratamos largamente sobre la expedición de la goleta. Algo sorprendido le observé por la verdad con que le hablaba.

Fui a buscar a Taylor a............ Di dos caídas que casi me rompí el alma por la maldita nieve.

---

[44]   Se verá más adelante que se trata del famoso hombre público estadounidense Aaron Burr, soldado, jurista, Senador y tercer vicepresidente de los Estados Unidos.

Burr nació en Newark, Nueva Jersey, en 1756, y falleció en Port Richmond, Staten Island, N.Y., el 14 de septiembre de 1836, esto es veinte años después de haber conocido a Carrera.

Actuó en la guerra de independencia de los Estados Unidos y llegó al grado de teniente coronel. Dejó el ejército en 1779 y, reiniciando estudios de Derecho, tres años más tarde fue admitido a litigar en Albany. Casó con Theodosia Prevost y se convirtió en una importante figura del foro y la política. Elegido Senador de los Estados Unidos en 1791, nueve años más tarde figuraba en la lista en que postuló a la presidencia Thomas Jefferson y se convirtió en Vicepresidente de su país. Puso punto final a su carrera política el duelo que sostuvo con Alexander Hamilton, en el cual mató a su contendor.

Después de un proceso por traición, que tuvo lugar en Virginia en 1807, en el cual fue declarado no-culpable, decidió expatriarse y vivió en difíciles condiciones en Europa hasta que pudo regresar a los Estados Unidos en 1812. Reinició entonces sus actividades como abogado y durante más de veinte años se dedicó al ejercicio de su profesión. Viudo y habiendo perdido a su única hija y su nieto, hechos que lo afectaron profundamente, Burr contrajo nuevas nupcias, a los 77 años, con Eliza B. Jumel; este matrimonio fue un fracaso.

El *Diario…* contiene otras referencias a Burr que pueden ayudar a completar su retrato moral y político.

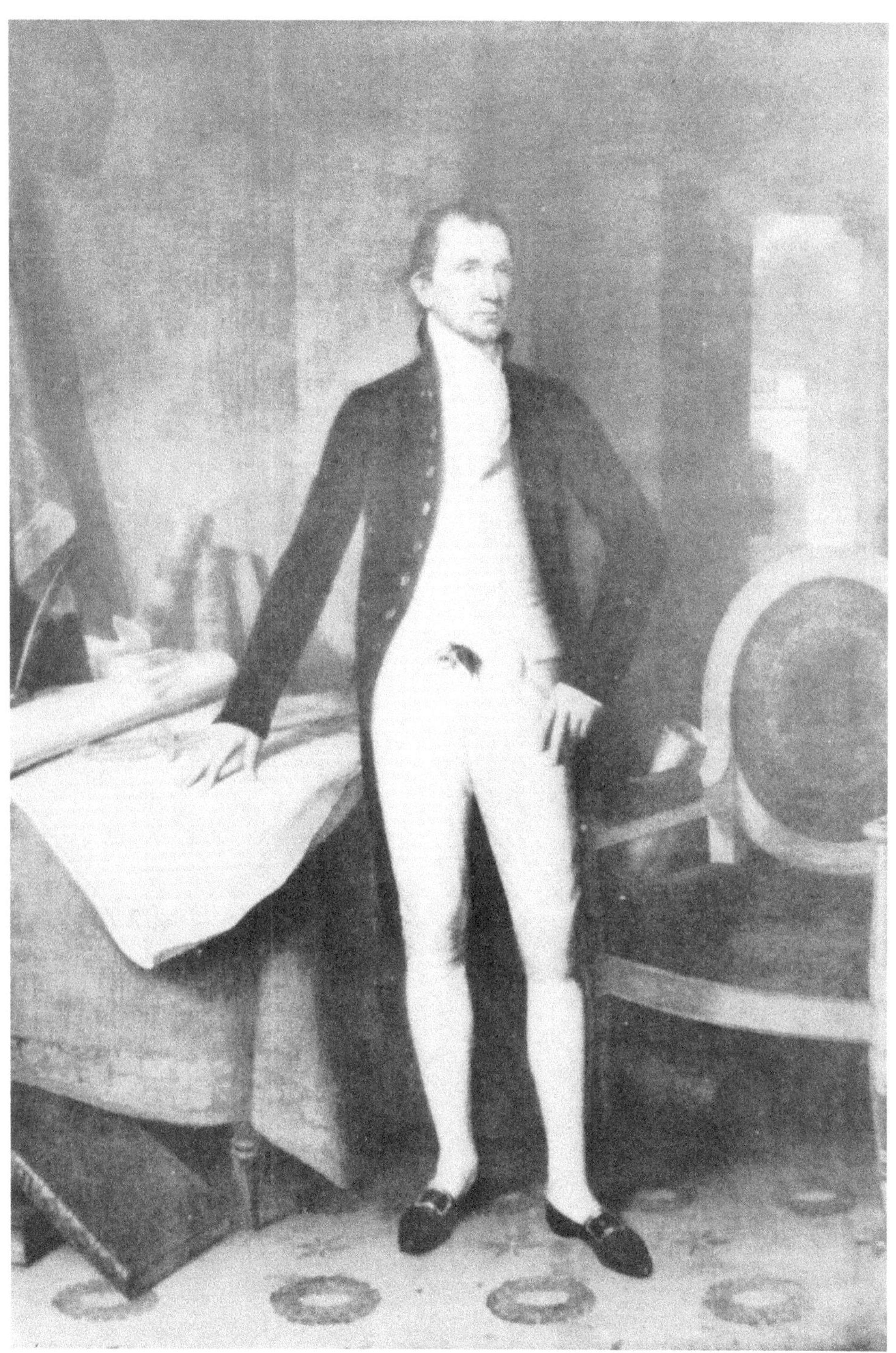

JAMES MONROE.

JOSÉ BONAPARTE.

Domingo 18. Taylor partió para Baltimore.

Me visitó Monson ofreciéndome dirigirme el martes, a causa de ser el lunes día de teatro.

Dobles y caras tristes.

Escribí a Didier, incluyéndole carta para Conde a quien llamo. A Mariano –a Luis– a Jewett. Al primero, contesto una suya. Al segundo, digo algo en contestación a una que me entregó Taylor en Philadelphia. A Luis, lo que anuncia la copia. A Jewett le aviso que Taylor mandará a su cuñado para agitar los asuntos del bergantín. Le digo también que prevenga a Jordán que no le he traído a mi lado por falta de dinero; pero que espero algún auxilio pronto; que él conoce mi corazón. Yo comprendí a Jewett que, para deshacerse de él, me lo mandaría. ¡Ojalá tuviese lo muy preciso para mantenerlo!

He escrito a Poinsett, incluyéndole la contestación de Gual a su carta de recomendación para mí.

He conocido hoy a Mr. Griswold[45], Mr. Stephen Luth [¿Lewis?] Junior, ambos abogados que han servido en el ejército durante esta última campaña; tienen deseos de ir conmigo a la reconquista de Chile. A Mr. Hoffman, empleado en [en blanco] y a Mr. Courtney[46], todos amigos de Shaw, que viven en mi propia casa. Courtenay es inglés; pero parece muy liberal.

Mr. Joseph B. Barnum.

Lunes 19. No he ido a ver el armamento para la goleta por el mal tiempo.

Mr. Forbes me cita para mañana a las doce. Este señor me manda un diccionario de regalo; lo admito para volvérselo en pocos días.

A las cuatro de la tarde me ha visitado Mr. Aaron Burr, sujeto de mucho talento que fue coronel y edecán de Washington en la guerra de revolución; el que mató en duelo al famoso general

---

[45]   Se trata de Daniel S. Griswold, un abogado del cual se conservan, en el Archivo Nacional, numerosas cartas a Carrera.

[46]   Así lo escribe Carrera; pero en diversos documentos este personaje se firma como Ponsonby-Courtenay. Por esta razón, en adelante escribiremos su apellido como Courtenay.

Hamilton y el que después intentó una revolución para separar los Estados. Fue Vicepresidente de ellos y su ambición pedía la presidencia; no lo consiguió y por eso emprendió la revolución.

No es posible averiguar el objeto de ella por la variedad con que se habla: unos le dicen traidor; otros ambicioso. Lo cierto es que todos le confiesan su gran talento y creo que muchos le respetan por su valor; pero muy generalmente es odiado, particularmente por el gobierno y por los demócratas.

Daré mucho resguardo a tal hombre que, según la conducta que le observo, quiere intrigar y unirse conmigo para marchar al Sud, o para................

Quiso hacerme vivir en casa de Madame Budriz, conocida generalmente por su alcahueta. Me ha dado para maestro del idioma a su muchacho o hijo Mr. [en blanco]; quiere darme un secretario de toda su confianza; llevarme a [en blanco] en su compañía

¡Buen cuidado tendré de huirle el cuerpo!

Martes 20. Correspondí su visita a Burr, quien siempre está pensando en la intriga.

He visto el armamento de la goleta y pasado una nota de lo que contrataré para que ellos fijen los precios y me remitan las muestras.

Con Monson a............ Maldita expedición 5. y resultas, aunque leves.

Miércoles 21. He hablado formalmente para ser admitido en la logia de San Juan[47]. Este paso puede sucederme de algunas ventajas para mis miras.

---

[47]   Esta es la primera referencia del *Diario...* a la actividad masónica de Carrera en los Estados Unidos. El punto se prestaría para un largo desarrollo. Como no parece ser este el lugar para realizarlo, nos limitaremos a algunos puntos principales.

Parece probable que, antes de su viaje a los Estados Unidos, Carrera haya participado en logias masónicas, por lo menos en Argentina.

Desde luego, podemos mencionar al respecto un documento inédito. Es una comunicación anónima, enviada al Director Supremo de las Provincias Unidas, el 20 de noviembre de 1815. Su autor dice haber tenido a la vista dos cartas de José Miguel

Jueves 22. En memoria del nacimiento de Washington se esmeran en las decoraciones de la comedia, que está iluminada. Concurrencia a un baile público, etc., etc. A la una de la tarde se ha hecho salva en el fuerte.

Viernes 23. Me ha dado Forbes una nota de los precios que ponen a los efectos de la goleta. Son tan escandalosos que juzgo mejor no tratar con ellos y darles solamente cartas de recomendación por si llegan en momentos de poder entrar en los puertos de Chile ocupados por los patriotas.

He recibido carta de Poinsett, fecha 12 de febrero, y una carta muy atrasada de Mariano Benavente. Otra de Servando Jordán del 19 de febrero. Manifiesta descontento con Jewett y yo creo que con razón.

He remitido a Taylor una carta de Jewett que me entregó Forbes y le he escrito pidiéndole 400 pesos prestados para verifi-

---

Carrera en que se proyecta *"la creación de una lógica (sic!) maszona (sic!) chilena; bajo el preciso pacto de que no debe gobernar ni militar en Chile, ninguno que no sea hijo de aquel territorio y a cuya apertura han designado la ciudad de San Juan".* (Archivo Sergio Fernández Larraín, Vol. 40, pieza 41).

Por otro lado, nos parece sugerente una frase que aparece en una carta de Carrera a su hermano Luis, despachada desde Nueva York e1 14 de septiembre de 1816. Allí, después de referirse a los pasos que está dando para montar su expedición, dice: *"A mi Mercedes, a mi Javiera, y a aquellos amigos de un inviolable secreto, consuélalos con esta grata noticia"* (en "copiador").

Volviendo al *Diario...* algunos entendidos sostienen que los términos utilizados por Carrera revelan que, antes de su admisión en Nueva York, ya pertenecía a la masonería, tanto porque no dice que haya sido iniciado en la logia de San Juan sino que fue "recibido" en ella, cuanto porque su afirmación, pocos días después de que se le dio "hasta el grado 3°" (esto es el grado de maestro) significaría que ya estaba en posesión de los grados anteriores. Existen, además, referencias a que Carrera habría fundado en los Estados Unidos una logia masónica llamada "Society Waltimorana" (véase, sobre todos estos puntos, la *Revista Masónica de Chile,* Nos. 5-6 de 1982 y Nos. 3-4, de 1983).

Antes de concluir esta nota conviene recordar que José Bonaparte fue Gran Maestre de la masonería francesa, la cual tuvo muchos altos dignatarios del régimen bonapartista: once de los dieciocho mariscales y una buena parte de los Senadores. Esta circunstancia, así como el importante papel desempeñado por Poinsett en la francmasonería estadounidense, puede contribuir a explicar el juicio que emite Carrera al referirse a las eventuales proyecciones de su admisión en la logia neoyorquina.

car mi viaje a Charleston, desde donde se los pagaré. Le incluyo cartas de recomendación para Gual y para Porter.

Monson me ha visitado esta noche. Me ha ofrecido dinero; se compromete a llevarme al pueblo de Huntington, donde está su madre, para que pasemos ocho días. Lo pide con insistencia.

He visitado a Forbes para satisfacerlo de los motivos que me impidieron asistir a la Asamblea de ayer, para lo que me proporcionó billete con la intención de darme a conocer a varios de sus amigos. La carta que escribí a Luis el domingo y la de Taylor se las he entregado para que las mande a su apoderado en Philadelphia para que se las dé a Crammond y a Taylor.

Por el mismo conducto remití el 15 los dos paquetes para Luis acompañados de una carta para Crammond en la que incluí otras de recomendación para Mefflin, como lo digo en el apunte del 16.

Sábado 24. A las siete de la noche he sido recibido en la logia San Juan N° 1; mi padrino, Mr. Shaw. Se me ha dado hasta el tercer grado.

Enseguida, se recibió a Mr. Hoffman. Dejé mi nombre escrito de mi puño en el libro, etc. Los que concurrieron a mi recibimiento son los siguientes:

[Espacio en blanco hasta el fin de la página]

Domingo 25. Acompañado de Mr. Monson asistí a la iglesia presbiteriana.

Es un lindo salón para conciertos de música. En lo bajo de él tiene asientos lo mismo que en un teatro. Los pagan por año los vecinos. Lo alto es lo mismo que lo que llamamos cazuelas en los teatros españoles.

No hay más que un púlpito, cubierto de un paño negro, en el que, durante las dos horas que dedican las mañanas de los domingos, predica a ratos y lee en otros un sacerdote que en su traje parece un particular. Su tono es familiar y no levanta la voz más que lo muy preciso para ser oído de todos.

Las gentes no se arrodillan. Se mantienen sentados o parados, según lo exigen las ceremonias; lo mismo los hombres que las mujeres, que se sientan mezclados. Las mujeres con sus gorros puestos y en el mismo traje que gastan en sus casas. Poco antes de acabarse la oración, se presentó un otro sacerdote que, puesto de pie, bajó del púlpito, entonó algunas canciones a las que contestaban hombres y mujeres con voces agradables. Se recogió en platillos limosna por algunos de los concurrentes. Ignoro el destino que tendrá.

Cuando todo fue concluido, dentro de la misma iglesia se pusieron todos sus sombreros y las señoras tomaron los brazos de sus maridos o acompañados. Me acompañó también un amigo de Monson, Mr. [en blanco], a quien me presentó por la primera vez.

En la tarde he ido a un templo de apostólicos romanos. Su construcción se asemeja a los templos de España; pero tiene asientos como los del presbiteriano, aunque, no se pagan.

Las mujeres se presentaron con gorros y en su traje común. No vi que se arrodillase persona alguna y creo que jamás lo hacen.

El único altar que hay tiene un sagrario y una cruz sobre un bajo retablo; pero no hay santo alguno.

La silla destinada al obispo está a la izquierda del altar. El desorden y poco decoro con que se presentan las gentes en esta iglesia es como el que se observa entre los españoles. No vi en la numerosa concurrencia dos personas decentes. Muchos negros, mulatos y otros de pésima traza. Es de creerse que sólo la plebe se dedica a esta religión en New York. ¡Qué bien lo hacen!

En la noche fui a una iglesia de protestantes [en blanco], con Mr. Monson, su mujer y su cuñada. Menos que en sus ceremonias se conforma con la presbiteriana por lo respectivo a su construcción y método de los concurrentes. Tiene música de órgano. El orador se presentó vestido de un traje talar negro; y el que leía, con una sobrepelliz blanca. No se ha pedido limosna y han durado dos horas todos los oficios. Es sociedad que divertiría a ser menos tiempo.

He quedado comprometido con Monson para salir con él y su familia, para Huntington, el martes en la mañana.

Lunes 26. Los dueños de la goleta dicen que están resueltos al viaje a Chile; pero quedamos decididos a no hacer contrato alguno. Sin embargo, ofrezco darles cartas y los induciré si es posible a que cumplan su palabra.

Por carta de Crammond sé que el bergantín *Olive Branch* salió el 23 para su destino. Dice a Forbes en ella que mi carta del 16 para Luis no ha alcanzado a ir con él; pero que, si yo quiero, la remitirá en el bergantín *Catharine* que saldrá para Buenos Aires la próxima semana. Me admira que no hable de los paquetes remitidos el 16.

Ahora mismo le escribo diciéndole que el sujeto encargado de entregárselos es Mr. Girault of the house of Luidlan Girault & Co. Espero impaciente su contestación.

Martes 27. A las siete y media de la mañana me embarqué en un paquete en compañía de Mr. Monson, de su mujer llamada Isabel, de su cuñada Shara y de su hijita Isabel.

Dimos la vela a las nueve. Los pasajeros somos veintidós, de los que doce son mujeres.

Miércoles 28. A las doce del día hemos dado fondo en el puerto de Bridge—. Comimos en la posada y a las dos de la tarde salimos para Huntington (doce millas). Hemos llegado en seis horas.

Reside en este lugar una hermana de Monson llamada Eloísa, como de treinta y cinco años, casada con Agus Clarke. Tienen cuatro hijos: Monson - Federico - Francisco - Marcena.

También vive muy inmediata a esta casa la madre de Monson, nombrada María, como de sesenta y cuatro años.

Se me ha recibido con cariño, se procura complacerme y Monson procura llenar su orgullo.

Jueves 29. Nada particular.

Mala comida. Cambio a peor cuarto. Miramiento a dos pequeñitas botellas de vino y trabajo de Monson para darme satisfacciones que no admito.

Mr. Clarke parece muy campestre y yo estoy algo arrepentido del paseo. Sin embargo, el trato afable de Mrs. Monson y de Shara me endulzan mi disgusto[48].

El 26 del pasado agosto (sic!) me visitó Mr. James Akein, natural de los Estados Unidos. Tiene una imprenta y desea ir a Chile con ella para establecerse en aquel país y entablar comercio con Lima cuando lo permitan las circunstancias. Ha sido capitán en buques mercantes y, según su aspecto y los informes de Mr. Ross, parece buen hombre. He quedado en darle las noticias que desea y en que marchemos juntos si es posible.

He contestado a Jordán su carta del 19 de febrero. Le ofrezco traerlo a mi lado muy pronto.

Escribo a Jewett, copiándole lo que me dice Poinsett en su carta del 12 de febrero por lo respectivo a él.

---

[48] En una carta de José Miguel a su hermano Luis hay una simpática descripción de su permanencia en Huntington: *"El 27 de febrero me fui con Monson a la provincia de Connecticut, por paseo y por estudiar el inglés y escribir a mis amigos. Ya voy dándome a entender; si el adelantamiento corresponde a mi dedicación, yo me saldré con la empresa. Viví en casa de su hermano en Huntington, cinco días, acompañado de su mujer, de una cuñadita y muy cuidado"* (esta carta, fechada en Nueva York a 12 de marzo de 1816, se transcribe en el "copiador").

[MARZO]

Viernes 1º de marzo [en blanco]

Sábado 2. He escrito a Mercedes, Francisco Antonio Pinto, Juan José[49], D. Timoteo Bustamante y a Serrano, Novoas, Benavente, Riveras, Pinto, Villas, Tortel, Barrueto, Cuevas, Meneses, Zorrilla, etc., etc. Estas cartas serán dirigidas a Luis por la goleta *María*.

Domingo 3. Contesto a Poinsett su carta del 12 de febrero. Cuando la cerraba llega Jewett de New York, a donde me fue a buscar desde New London. Me entrega carta de Poinsett del 18 de febrero, que contesto en el instante.

Jewett parecía algo disgustado por mi compañía con Monson; pero vuelve contento a New London para continuar el pleito del bergantín. Sale a las tres de la tarde para Bridgeport, donde lo espera Aaron Burr.

Lunes 4. Escribo a Mr. Porter diciéndole no he recibido contestación a las del 6 y 12 del pasado.

A Taylor le escribo igualmente, exigiendo por la contestación a la mía del 23 y pidiéndole una patente de corso del gobierno de Buenos Aires, que la espero a vuelta de correo, con sus instrucciones que serán exactamente cumplidas.

---

[49]   Juan José Carrera, hermano de José Miguel. Nació en Santiago el 27 de junio de 1782 y fue bautizado en la parroquia del Sagrario como Juan José Pedro Ramón de los Dolores. Después del desastre de Rancagua salió de Chile y se estableció en Buenos Aires. Casó con doña Ana María Cotapos de la Lastra. Fue ejecutado en Mendoza (República Argentina) el 8 de abril de 1818.

En el Archivo Nacional se conservan varias cartas dirigidas por él a su hermano José Miguel.

Escribo a Javiera, Diego Benavente y Manuel Rodríguez[50], por la *Mary*, bajo cubierta de Luis.

He tomado el té en casa de Mrs. [en blanco].

Martes 5. Salimos para New Haven (en un coche de cuatro caballos que mandó a traer Monson de este pueblo) a las once de la mañana. Llegamos a las tres de la tarde.

Encontramos en el camino a Mr. Santiago Freat, que se dirigía a Huntington con el objeto de vernos. Este joven ha estado en Chile y sirvió a Porter como su escribiente cuando estuvo la *Essex* en Valparaíso. Monson le alaba por su talento e instrucción; pero…

Miércoles 6. Acompañado de Monson, de su familia, de Mr [en blanco], del dueño de la posada en que hemos alojado, de Mr. [en blanco] y de su mujer Mistress [en blanco] y la madre de ésta, Mrs. [en blanco], he ido a ver la nueva iglesia protestante, que acaba de construirse en este pueblo. Es a la gótica y la más linda que hasta hoy he visto en los Estados Unidos. Ha sido construida por un particular. Costó 34.000 pesos y en la venta de los asientos ha sacado 68.000. No es extraño porque en esta provincia son obstinados en la religión. Llega al extremo de no permitirse que los domingos se viaje en el territorio que le pertenece. Los correos tienen grandes multas si llevan algún pasajero y en su Congreso

---

[50] Manuel Rodríguez Erdoíza (1785-1818). Obtuvo su título de abogado en 1809. Secretario de Guerra a fines de 1811. Después de la derrota de Rancagua pasó a Mendoza y tuvo un papel descollante en las acciones de montoneros antirrealistas antes de la llegada del Ejército Libertador. En los días precedentes a la batalla de Maipo organizó el escuadrón de Húsares de la Muerte. A causa de su popularidad, Rodríguez se convirtió en un elemento peligroso para el gobierno de O'Higgins.

Fue ultimado en Til Til el 26 de mayo de 1818, en circunstancias que hasta hoy se hallan rodeadas de misterio.

Se ha responsabilizado de este asesinato a la Logia Lautarina. Jaime Eyzaguirre asevera que el asesinato de Rodríguez figura en la zona tenebrosa de las acciones de esa asociación secreta e invoca el testimonio de Barros Arana en el sentido de que O'Higgins, sin responsabilidad directa en el crimen, habría dicho: *"Ese fue un error de la Logia Lautarina"*. (Jaime Eyzaguirre, *La Logia Lautarina*, Santiago 1973, p. 13).

se ha discutido con calor para que esta orden sea extensiva a los mismos correos.

He conocido a una tía carnal de Mr. Monson, hermana de su padre. Se llama [en blanco], fue casada con Mr. [en blanco]. Tiene hijas. Una de ellas fue casada con Mr. [en blanco] que hace poco tiempo que ha muerto, dejando 20.000 pesos: 4.000 para una iglesia, 7.000 a cada uno de sus dos hijos y 2.000 a la mujer. Ésta dice que murió loco y sigue pleito para anular el testamento; pero sus contrarios dicen que es efecto de lo poco que la quería por su mal carácter.

Pocos días hace que murió en [en blanco] un médico que se llamaba Mr. [en blanco]. Ha dejado 60.000 pesos y seis hijos: tres varones y tres mujeres. Para los primeros es todo el caudal, menos 3.000 pesos que deja para las tres infelices. No hay cosa en que no se conozca lo mal que tratan los ingleses americanos al bello sexo.

Jueves 7. Acompañado de Monson, de [en blanco] y del sobrecargo de la goleta *María* que va a salir con armamento para Buenos Aires, Mr. Daniel Green– he ido a ver la fábrica de fusiles que está a dos millas de este pueblo. Es de la propiedad de su director, Mr. Eli Whitney[51], según se dice el mejor maestro de los Estados Unidos.

La fábrica es de una obra muy pobre; pero no así lo que se hace en ella. En el año da de 2 a 3.000 fusiles, que casi siempre son contratados con el gobierno. Los que hace actualmente son para este destino en el precio de 13 1/2 pesos. Son de la calidad mejor que he visto. Este maestro es el que ha dado principio y descubierto la invención de hacer todos los fusiles del Estado tan uniformes que no haya una sola pieza que no conforme con otra igual de cualquier fusil; y bajo este pie están las dos fábricas del

---

[51]   Eli Whitney nació en Westboro, Massachusetts, el 8 de diciembre de 1765. Entró a Yale College en 1789 y se graduó tres años más tarde, con la esperanza de estudiar Derecho. Mientras seguía ese estudio inventó una máquina que permitía aumentar considerablemente el rendimiento en la producción de algodón. Posteriormente dirigió su atención a otro campo y en 1798 obtuvo del gobierno federal un contrato sobre armamentos que lo llevó a instalarse cerca de New Haven.
Whitney falleció el 8 de enero de 1825.

gobierno en Virginia y Massachusetts, en cada una de las que se construyen de 8 a 10.000 fusiles anualmente.

He comprado un fusil en 15 pesos y Mr. Whitney quedó en llevármelo mañana a casa.

A instancias de Monson he ido a comer con él, su familia y Mr. [en blanco], a casa de [en blanco]. Se me ha obsequiado. Me ha llenado de sensibilidad Mrs. [en blanco] por los extremos que hace por la pérdida de su hijo Mr. [en blanco], que se perdió en el bergantín [en blanco] que mandaba Porter a los Estados Unidos[52]. Salió del Brasil y hasta hoy no hay noticia alguna.

Todos los que comimos juntos hemos ido a ver el gabinete mineralógico que, como dicen estos habitantes, es el segundo en el mundo. Yo no lo entiendo, pero creo que es portuguesada. Este gabinete está en el colegio más afamado de los Estados Unidos. Tiene en el día 280 alumnos. Hay otro colegio de cirugía que tiene 60 y estos utilísimos establecimientos se ven en un pueblo que no pasa de seis mil habitantes.

Ayer escribí en la noche a Mr. Jewett, avisándole los motivos que me impedían pasar a New London y diciéndole lo esperaba el domingo en New York.

Viernes 8. Visité a Mr. Daniel Greene y he conocido su familia que se compone de seis hijos.

[Hay un espacio en blanco]

En la tarde he montado a caballo con Monson y fuimos a ver un sitio que tiene a una milla del centro de este pueblo, de cuatro cuadras en cuadro.

Me ha visitado Mr. Whitney. He hablado largamente con él sobre el establecimiento de una fábrica de fusiles. Para las máquinas, dice, se necesitan 100.000 pesos. Asegura que no es posible llevar adelante la fábrica de Buenos Aires por la falta de agua.

---

[52]   Tal vez se refiera al teniente estadounidense Stephen Decatur McKnight, ex oficial de la *Essex*, quien, junto con un guardiamarina, se perdió en el mar, cuando regresaba a los Estados Unidos después del combate de La Cabritería, Valparaíso (véase David Porter, *óp. cit.*, Apéndice).

Me ha dado su nombre y yo dejo el mío. Me ofrece advertirme cuando yo desee. Es autor de la máquina de despepitar algodón y de casi todas las de su fábrica, que son muy distintas de lo general.

Los malos caminos y el mal viento no me dejan salir ni por mar ni por tierra.

Sábado 9. Apunto por curiosidad el nombre de Mr. [en blanco] que ha sido edecán de Washington y Embajador en España[53]. Es hombre como de setenta años y, en lo poco que lo he tratado, parece o un hombre abandonado por su mucha edad o un grosero

Ha salido a las ocho de la mañana para New York Mr. [en blanco], natural de Boston, federalista consumado. Es abogado y le dan el título de muy hábil. Nos hemos tratado con alguna franqueza y ha querido darme recomendaciones para el gobierno y sus ministros. No las he admitido porque no las necesito. Me parece ésta es una estratagema para imponerse de mis intenciones.

Mr. [en blanco], dueño de la posada, es un buen hombre muy bueno y generoso. No he visto en todos los Estados Unidos posada tan bien servida ni mejores sirvientes.

A las ocho y media de la noche nos embarcamos en un paquete para New York; son treinta y siete los pasajeros y sólo veinte las camas. Se le han dado cuatro a las señoras y el resto ha sido sorteado entre todos. Marineros, cocheros, oficiales militares, etc., todos son muy iguales y nadie se queja. Cada persona paga 4 pesos por su pasaje.

Domingo 10. A las siete y media de la mañana hemos llegado a New York. La familia de Monson me ha traído en coche hasta la puerta de mi casa.

He recibido por mano de Forbes una carta de Mariano Benavente desde Wilmington; se manifiesta muy descontento.

---

[53] Creemos que Carrera se refiere a Charles C. Pinckney (1746-1825), quien fue ayudante de George Washington y desempeñó funciones diplomáticas en Europa.

Crammond no ha contestado mi segunda carta y por la que escribe a Forbes son mayores mis recelos de que se ha tomado los paquetes de cartas que remití a Luis por el *Olive Branch*.

Visité a Burr y me ha hecho tomar café con tres muchachas. ¡Lindas ocurrencias!

Lunes 11. Contesté a Mariano su carta del 4, que recibí ayer. Escribí a Erich haciéndole una relación de todo lo sucedido con Crammond y comisionándolo para recoger mis papeles y remitírmelos para mandarlos por la goleta *María*.

Recibí carta de Jewett del 8. No llegará aquí hasta mediados de la actual semana. Jordán también me escribe, diciéndome que está descalzo, sin poder salir a la calle. Manifiesta gran descontento.

Escribí a Taylor por duplicado, avisándole de mis anteriores cartas y de la venta de cuatro buques del Estado que me avisa Porter por carta a Monson.

Forbes se empeña en presentarme a Astor[54], uno de los más ricos comerciantes de este país y quedamos citados para mañana. Dice que quiere entrar en negociación conmigo, para mandar a Chile el bergantín *Macedonia*.

Recibo carta de mi Mercedes, fecha 13 de noviembre, por el bergantín [en blanco], encargada a Mr. Rush. Noticias lisonjeras.

Cartas de recomendación para el capitán de la goleta, etc.

---

[54]   John Jacob Astor, comerciante en pieles que se convirtió en uno de los mayores capitalistas estadounidenses, nació en la aldea de Walford, cerca de Heidelberg, hoy Alemania, el 17 de julio de 1763. A los veinte años emigró a los Estados Unidos y se estableció en Nueva York. Asociado con comerciantes británicos formó la Pacific Fur Company. Pronto se interesó en operaciones sobre bienes raíces en Manhattan y su fortuna se incrementó, además de esas inversiones, mediante negocios con el Gobierno de los Estados Unidos. Durante la guerra anglo-estadounidense le hizo algunos préstamos menores; pero en 1814 se asoció con capitalistas de Filadelfia para adquirir bonos que se cancelaron con billetes depreciados.

Astor, convertido en el hombre más rico de los Estados Unidos, falleció en Nueva York el 29 de marzo de 1848: había acumulado una fortuna calculada en unos treinta millones de dólares de esa época, toda la cual —salvo algunos legados— pasó a su hijo. Entre dichos legados estuvo la suma de cuatrocientos mil dólares destinada a fundar una biblioteca pública en Nueva York.

Martes 12. Me ha visitado Mr. Astor y me hace muchas ofertas
En la noche..........15 etc.

Miércoles 13. Pagué su visita a Mr. Jacob Astor en su escritorio.

Mr. Crammond contesta a Forbes, diciéndole que todas mis cartas para Buenos Aires han salido por el bergantín *Catherine*, muy recomendadas al sobrecargo Mr. [en blanco].

Jueves 14. Llega Mr. Jewett de New London. Siempre está empeñado en sus descabellados proyectos. Tiene mucha ambición al empleo de Jefe de Marina, pero todos lo conocen y......

Viernes 15. Recibo carta de Mr. Erich. El bribón de Crammond le ha contestado que mis cartas marcharon por el bergantín *Catherine*. Continuaré hasta lo último la indagación de la verdad.

En la noche se me presenta Mr. Jewett con los señores Junius Smith y Henry Eckford[55], para tratar conmigo sobre la conducción de armamento y un buque de 24 cañones propio para la guerra, para venderlo todo en Chile por la utilidad de un 100%. Dejan escritas sus proposiciones y quedo en responderles el lunes.

Jewett ha quedado chasqueado porque en su misma cara le han dicho que no quieren darle el mando. Por esta causa ha hecho diabluras para destruirlo todo.

Sábado 16. Llega Jordán de New London y Jewett lo ha alojado en casa de Mr. Aaron Burr con el deseo de deshacerse de él y que yo lo tome a mi cuenta. Viene descalzo, flaco y dado a los diablos. Da informes favorables por Detastet y pésimos por Jewett. Éste me había dicho que Detastet le había abandonado a Jordán y Jordán dice que es falso y todo muy al contrario: que Jewett no le

---

[55]   Henry Eckford nació el 12 de marzo de 1775. Arquitecto naval y constructor de buques. Nació en Irvine (Escocia), hijo de John Eckford y Janet Black. Falleció el 12 de noviembre de 1832.

Sus naves se hicieron famosas por su poder y velocidad. Según el *Dictionary of American Biography*, de donde tomamos estos datos, construyó fragatas para Brasil, Colombia, Perú y Chile.

ha dado un cuarto desde que salió de Buenos Aires. Dice que Jewett, hablando con Mr. [en blanco] sobre Brown, había propuesto de sacar orden de Buenos Aires para apresarlo, en el caso que yo quisiese darle la preponderancia.

Es muy creíble por las expresiones que le he oído a este bruto. Otras infinitas de éstas le he observado. Todo su empeño es desconceptuar a Poinsett y que ni las fuerzas que éste quiere aprontar ni la colonización de las islas Marquesas tengan efecto, porque cree perjudican su autoridad. Es hombre celoso, de mala fe, ambiciosísimo, de poco talento y muy parecido a don Juan Gómez en algunas cosas.

Con Mr. Daniel Green he ido a ver echar un nuevo buque al agua. Me ha obsequiado el costo del coche y manifestado de todos modos que desea mi amistad.

Recibo carta de Mr. Porter, fecha 12 del actual. Su contenido me lisonjea y no menos una carta de Poinsett, que le escribió, recomendándome, con fecha 20 de enero.

Domingo 17. Muy enfermo de cólico.

Lunes 18. Cierro la correspondencia para Luis, de la que queda borrador.

Toda va entregada al sobrecargo de la *María*, Mr. Greene, quien lleva instrucción de cuanto debe hacer con ella. Incluyo a Luis cartas para Javiera, Mercedes, Juan José, Pinto, Benavente, Bustamante, Serrano, Vera, Rodríguez, Portus, Urra y Merino.

Va suelto el oficio para el Director de Buenos Aires y cartas para William P. White, David C. De Forest y dean Funes[56].

---

[56]   Gregorio Funes. Escritor argentino más conocido como "el deán Funes". Nació en Córdoba en 1749 e hizo estudios en la Universidad de esa ciudad. En 1773 se ordenó de presbítero y al año siguiente obtuvo la borla de doctor. Fue rector del colegio conciliar de Loreto, colector general de rentas eclesiásticas y cura del beneficio de la Punilla.

Obtuvo el grado de bachiller en leyes civiles en la Universidad de Alcalá de Henares en 1778 y al año siguiente se recibió de abogado de los reales consejos, provisto ya de canónigo de merced para la catedral de Córdoba, a donde regresó con esta dignidad. Electo rector de la Universidad de esta ciudad, Funes desempeñó además un papel muy importante en los acontecimientos políticos que condujeron a la inde-

Doy a Greene recomendación para Brown, Handford, Orr, Pinto, Vidal, Venancio[57] y una para todos los amigos de la costa de Chile.

Martes 19. Contesto la carta de Porter a la que acompaña traducción de Mr. Monson.

He hecho mis proposiciones por escrito a Smith y a Eckford.

Jewett me ha visto y manifiesta descontento porque no puede

---

pendencia argentina. Fue un eminente orador sagrado y escribió y publicó sermones, discursos, folletos, etc. Entre sus obras más valiosas se cita el *Ensayo de la Historia Civil del Paraguay, Buenos Aires y Tucumán* (3 tomos, 1816).

Falleció en Buenos Aires en 1830.

(Los datos precedentes emanan de José Dionisio Cortés, *Diccionario biográfico americano*).

[57] Alude a Venancio Coigüepán, cacique araucano con cuya amistad contó Carrera hasta el fin de sus días.

La carta a Coigüepán, cuyo texto se encuentra en el "copiador", estaba concebida en los siguientes términos:

"Philadelphia en los Estados Unidos de N.A., 20 de agosto de 1816.

Amado amigo y paisano Venancio:

Supongo en tu poder las cartas que te escribí el año pasado desde Buenos Aires, y las que te he remitido en varios buques que han ido de esta tierra. Cuando recibas esta carta, creo que habrás oído de mi llegada a Buenos Aires o a Chile; tal vez tendré el gusto de abrazarte antes; pero si alguna casualidad me detiene por acá, yo te suplico que favorezcas con todo empeño al capitán del barco que te dará ésta: proporciónale víveres y comunícale todas las noticias que sepas de la parte de los ladrones españoles.

Recibe, mi querido Venancio, dos pares de pistolas, dos sables, seis fusiles y una poca pólvora y balas que te mando para que empieces a hacer más respetable tu malal. Cuando yo vaya te llevaré algunos preciosos vestidos y más armas.

Sé constante, buen araucano, anima a tus buenos compañeros, lleva la guerra a muerte sobre esos tiranos que quieren robarnos nuestras fortunas. Yo te juro que muy luego acabaremos con ellos y entonces pasaré a visitarte a tu malal, en donde haremos aquel bonito pueblo que te ofrecí para que pasásemos juntos algunos días muy alegres: acuérdate que me has prometido una hermosa india que no te perdono.

Te doy muchos abrazos, mi amado Venancio, y espero que nunca olvidarás a tu mejor amigo y compañero.

José Miguel de Carrera

Señor Capitán General de los Pueblos Araucanos,
Don Venancio Coigüepan".

hacer de las suyas. Quiere meterme a su lindo hermano en el reconocimiento del armamento en Inglaterra, etc.

He sido convidado a comer por Mr. Astor para el viernes a las cuatro de la tarde, por medio de una esquela.

En la noche ha venido a verme Mr. Smith y, según veo, no está distante a admitir mis proposiciones.

Miércoles 20. Recibo carta de Didier, incluyéndome carta de recomendación para los señores Palmer & Hamilton, el documento de los 5.000 pesos[58], y me satisface de no tener parte en la mala conducta de Crammond, que siente. Me convida a contrata de armamento de un bergantín, etc.

Escribo a Mr. Adams y a Crammond, exigiendo recibo de los paquetes de cartas y amenazándolo, si no lo hace, con demandarlo ante un tribunal.

Monson me ha prestado 100 pesos en papel de New York.

Jueves 21. Contesto a Mr. Didier admitiendo su propuesta para la contrata del armamento.

Mr. Shaw me ha visitado y presentado a un amigo suyo que ha servido en la Marina de estos Estados, Mr. [en blanco].

En la noche me ha visto Mr. Smith y quedamos en tratar una corta cantidad de armamento que saldrá en derechura de Londres a Chile, en el mes de agosto o julio.

Viernes 22. Comí en casa de Mr. Astor: veinte personas de mesa de los más ricos comerciantes.

[Espacio en blanco hasta el final de la página].

Sábado 23. Recibo carta de Mr. Nichols, pidiéndome órdenes para dinero en Chile, porque piensa irse por Mendoza a aquel país. Erich me escribe incluyéndome una carta para Miller a Buenos Aires.

He dado a la gaceta de *Columbian* una defensa en favor de Brown, por una ridícula acusación que le hacen en la gaceta de Boston.

---

[58]   Se trata de la suma enviada a los Estados Unidos en 1813, para la adquisición de una imprenta, asunto al cual ya nos hemos referido.

Ha vuelto Mr. Smith. Le he ofrecido 60% sobre el principal y quedamos citados para mañana a las cuatro de la tarde.

Con Mr. Griswold a... 10.

Domingo 24. Me visitan los señores Palmer & Hamilton, por recomendación de Mr. Didier. Han dejado el número y calle de su casa y, entre sus muchas ofertas, ofrecen cobrar los 5.000 pesos en Halifax.

He visto a Aaron Burr. Dice que Jewett es muy celoso; que teme que Brown será el Jefe de la escuadra en Chile. Me ha recomendado mucho el mérito de Wooster y el buen carácter de Eckford. Según comprendo, los dueños de la fragata que se construye darán el mando de ella a Wooster.

Lunes 25. Contesto a Erich su carta del 21; a Nichols la del 18.

Escribo a Mr. Poinsett diciéndole que espero sus cartas para resolverme al viaje a Charleston. Le doy las noticias de la caída de Luis XVIII y de la expedición de Bolívar. Le digo que he contratado algunos armamentos que han salido y saldrán, pero que no tengo buques; que Jewett no tiene buena opinión entre los comerciantes; que está reñido con Eckford y que a nuestras vistas le contaré anécdotas que le harán reír. Le aviso de la oferta de Porter y de mi contestación, admitiendo los oficiales.

Comí en casa de Shaw con toda la familia de su mujer.

Martes 26. Recibo la contestación de Adams y carta de Crammond dándome satisfacción.

En la tarde me da Monson una de Mr. Poinsett, quien viene en mayo a Philadelphia. Es concluido por esta causa mi viaje a Charleston.

He sido convidado por Mr. Astor a comer mañana con él para tratar algunos asuntos de importancia. Jewett será el intérprete; pero por un amigo le he prevenido no descubra delante de él lo que necesite mucho secreto. Para esto mismo hice escribir a Shaw y a Monson unas cartas, que al fin me pareció mejor no entregar.

Visité a Palmer & Hamilton.

Miércoles 27. Recibo carta de Didier; la contesto y las de Poinsett, Crammond y Adams.

Comí con Mr. Astor. Dice que quiere especulaciones de bulto y de fuerza y por mucho tiempo; pero con utilidades moderadas. No quise apurarlo a descubrirse, por motivos que se ven en las ocurrencias de ayer.

Presté 25 pesos a Gri...[¿Griswold?].

Jueves 28. Escribo a Palmer & Hamilton, conviniéndome en contratar el armamento del bergantín *Regente*. Les pido muestras, nota de las condiciones y los últimos precios. Contestan diciendo que en pocos días harán lo que pido.

Con Mr. Gri......a....... 10.

Viernes 29. Presté 19 pesos a Gris......[59]

Pagué al sastre 71 pesos.

Sábado 30. Pedí a Monson 400 pesos y se ha excusado con frívolos pretextos.

Mr. Forbes me ha prestado 500 a una pequeña insinuación; he quedado de pagarlos a mediados de mayo.

Hemos cerrado la contrata con Mr. Smith y mañana será firmada.

He dado a Jewett el modelo del sello de Chile para que se rompan aquí dos.

Domingo 31. Hemos firmado las contratas por triplicado y he dado a Smith una clave, el camino que deben traer mis cartas con el primer sobre a Forbes.

Le he dado una lista de encargos particulares para mí.

El hermano de Jewett[60] es el encargado de comprar las muestras en Londres y, para ello, le doy orden y copia de los efectos contratados.

Smith deja la dirección de sus cartas así: *Junius Smith. N° 11, Broad Street Buildings, London.*

Quedo en comunicarle las noticias del Sud y mis instrucciones.

---

[59]   Debe referirse al abogado Griswold.
[60]   Alude a Charles Jewett, quien, efectivamente, realizó tales gestiones en Londres, según correspondencia que se conserva en el *Archivo Vicuña Mackenna.*

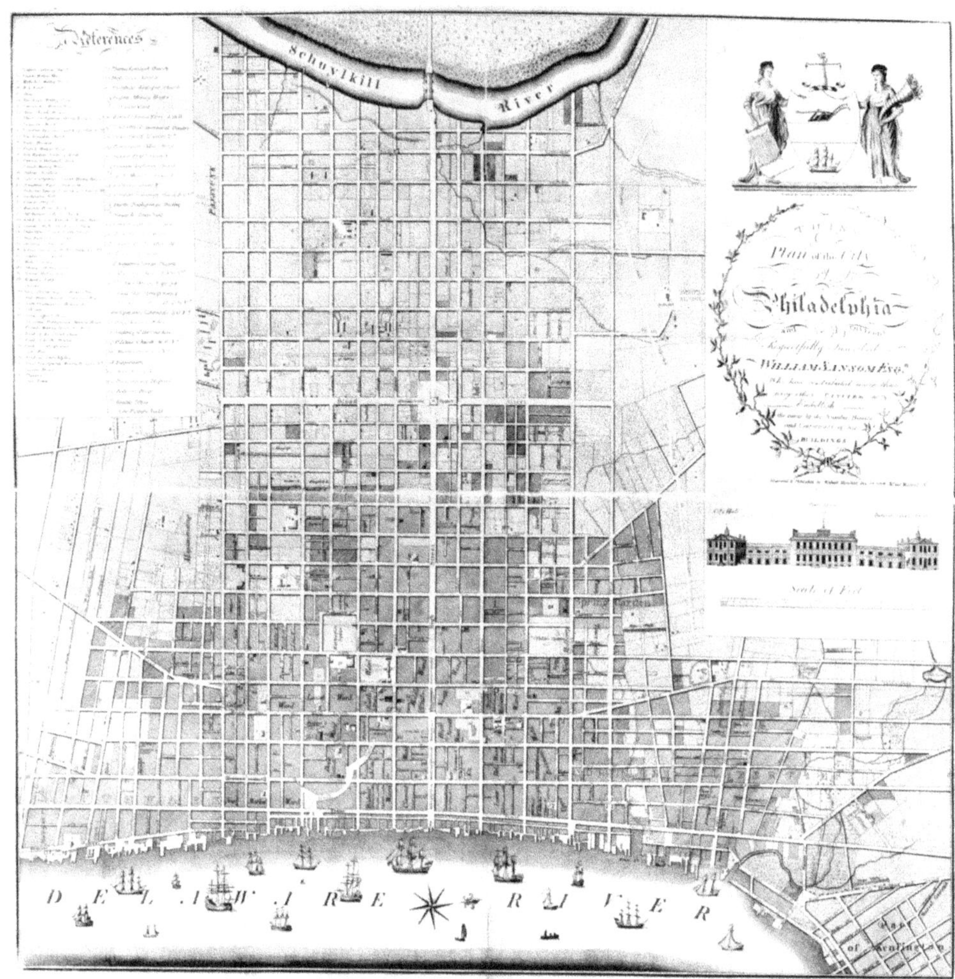

FILADELFIA.

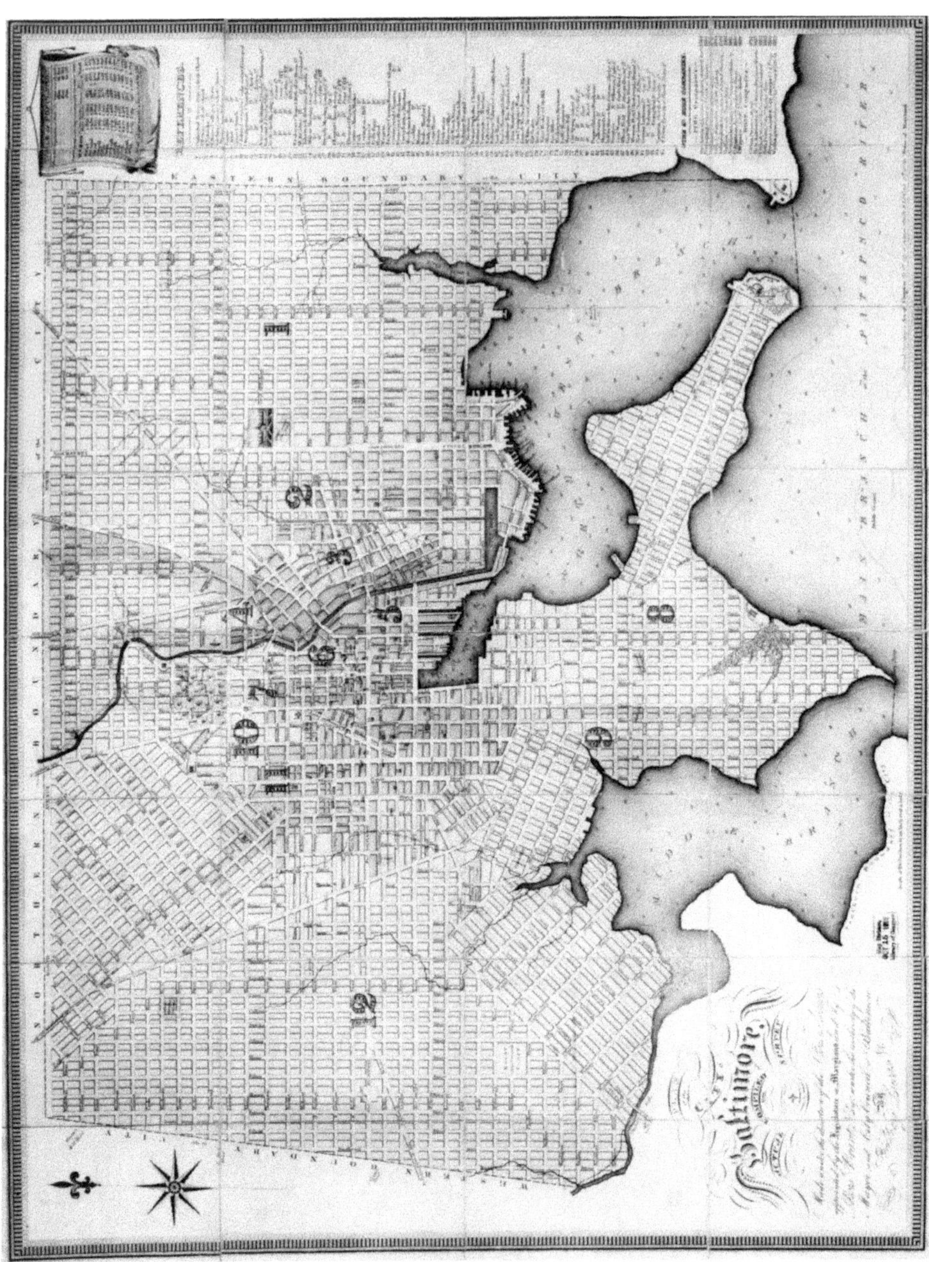

BALTIMORE.

[Abril]

Lunes 1º de abril. Recibo carta de Didier del 30 del pasado marzo. He entregado a los SS. Palmer & Hamilton los documentos necesarios para cobrar los 5.000 pesos en Halifax.

Martes 2. Visité a Mr. Astor con Mr. Shaw y he extrañado que su conversación haya sido muy diferente de lo que me había ofrecido. Su talento y educación son tan escasos como grande su ambición.

Miércoles 3. Recibo carta de Palmer & Hamilton haciéndome algunas preguntas relativas al modo con que fueron embarcados los 5.000 pesos en Valparaíso para hacer el reclamo con más acierto

Mr. Griswold me escribe solicitando auxilios y ya empiezo a recelar de su poca conducta. No es hombre de sigilo.

Me visita Mr. Eckford y creo, por su conversación, que puedo asegurar la grande fragata

Jewett me quiso comprometer a un paso poco honorable; pero lo he sacudido y se ha enmendado.

He mandado a romper el sello de Chile por mano de Jewett. Llevan 50 pesos pero será muy a mi gusto.

Mr. Pro….. empieza hoy a darme lecciones de inglés.

Jueves 4. Recibo carta de Mariano Benavente, fecha del 1º.
Descubro la grosera conducta de Taylor.

Viernes 5. [en blanco]

Sábado 6. Contesto a Benavente y le incluyo un papel interesante para copiar.

He contestado a Griswold su carta del 3 y él me vuelve otra carta en la que me pide 1.500 pesos prestados. ¡Lindo sistema para conmigo!

Mr. Jewett salió para New London a seguir los asuntos del bergantín. Todo es mentir y querer tomar los intereses de Detastet.

Domingo 7. Visité a Burr quien me dice que Jewett lo convidó para ir a Chile, haciéndole muchas protestas. Yo he procurado zafarme de él lo mejor que pude. Le he dicho algo de las locuras de Jewett, para que no resulten en mi perjuicio.

Se ha encargado de proporcionarme conocimiento con un fabricante de cristales y con otro de capacidad para establecer el trabajo del fierro en Chile.

Lunes 8. Mr. Hoffman me escribe solicitando pasar a Chile conmigo. Le contesto políticamente, diciéndole que es preciso tiempo para contestarle con certeza.

Martes 9. Las gacetas de ayer de Columbia, y general advertencia, da la noticia del mal suceso de Rondeau[61], refiriéndose a la relación que da el capitán del bergantín *Nancy Ann's* arribado a Salem. Ha hecho mucha impresión en los comerciantes. Voy a dar una nota que los tranquilice.

He pedido a Mr. Forbes de escribir a Salem para averiguar si han traído cartas para mí y para Poinsett, y que se informen de los particulares de la noticia.

Miércoles 10. Me visitan Mr. Smith y Mr. Gamble, sargentos mayores de infantería de marina, acompañados de Mr. Shaw, y ambos me piden de ir a Chile.

Soy convidado por Mr. Gamble para comer mañana con él en la Isla Grande. Mr. Hoffman me da una carta para recomendarme otro solicitante para Chile.

Mr. Lussch también me habla para lo mismo.

---

[61] José Rondeau (1773-1844). Militar argentino que tuvo una relevante participación en la lucha independentista argentina. En 1811 fue designado jefe de las fuerzas que por tres años sitiaron Montevideo. En ese periodo se inscribe la batalla de Cerrito (diciembre de 1812). En 1814 pasó a mandar en jefe el ejército auxiliar del Alto Perú y fue derrotado en la batalla de Sipe-Sipe, el 29 de noviembre de 1815. Llegó al cargo de Director Supremo de las Provincias Unidas en 1819 y, más tarde, llegó a ser Presidente de la República Oriental del Uruguay.

Jueves 11. No voy al convite por el mal tiempo. En la noche asistí a la logia de San Juan: pagué 25 pesos del recibimiento y otros 25 por Mr. Hoffman. Di un papel de los 100 pesos y me han vuelto 50 en libranza para el banco; la toma Hoffman para cobrarla.

Viernes 12. Recibo carta de Mariano Benavente quien me manda la copia de poderes.

Sábado 13. Hablo con los SS. Palmer y Hamilton sobre la contrata del armamento con el bergantín *Regente*. Me dicen que Didier ha recibido carta de Mr. Halsey y que no le dice nada de Rondeau, a pesar que es conducida en el bergantín *Nancy Ann's*.

Me avisa Mr. Forbes que mañana sale, para Montevideo o Buenos Aires, el bergantín *Recompense*, capitán Allen. Me ofrece remitir cartas de poca importancia.

Domingo 14. Escribo a Luis una corta carta asegurándole que mis asuntos van bien y que en tres meses serán concluidos. Le digo las ocasiones que le he escrito y los conductos. Ofrezco escribirle en el bergantín *Regente* que seguirá viaje a Chile, si hay puerto, con 4.000 fusiles, etc. Llegará Poinsett, etc.

Escribo también a mi Mercedes y a Javiera.

A Luis le incluyo pedazos de gacetas y le digo lo mucho que extraño su silencio. Dio (¿por doi?) a Forbes carta de recomendación para los SS. Orr. La carta de Erich para Miller.

Lunes 15. Escribo a Mr. Gual en contestación a la suya de febrero. A Mr. Poinsett le escribo igualmente, diciéndole la falsedad de las noticias arribadas a Salem.

Martes 16. Mr. Forbes me da una carta del capitán del bergantín arribado a Salem quien se mantiene firme en las noticias publicadas en la gaceta de Boston. Dejó en mi poder la traducción. Todo lo creo efecto de la mala fe o de la ignorancia.

He escrito a Mr. Porter, incluyéndole la relación de las noticias de este bárbaro capitán y saludándolo. Le digo es suspendido mi viaje a Charleston y que viene Poinsett, de quien recibo hoy carta, y de Mr. Jewett.

Miércoles 17. Comí con Mr. James G. Forbes, con su hermano Mr. [en blanco] y con seis individuos más de este comercio.

[Espacio en blanco]

Jueves 18. El chileno famoso, José Cortés de Madariaga[62], arribó a Jamaica, según me lo avisa Mr. Erich, por encargo de Mr. Gual.

En el momento escribo a este digno patriota por conducto de Mr. Clermont Livingstone, que me dice se va mañana un amigo suyo para Jamaica.

---

[62]   José Cortés de Madariaga nació en Santiago de Chile el 8 de julio de 1764. Se ordenó de sacerdote a los dieciocho años de edad. Estuvo en España y se estableció posteriormente en Caracas. Desempeñó, en Venezuela, un importante papel en los sucesos de 1810. Hecho prisionero por los españoles, logró llegar a América. Desde la isla danesa de Saint Thomas viajó a Jamaica donde se radicó durante 1816.

Esta es la época en que Carrera entabla con el canónigo chileno, a quien trataba de "amado tío" y de "amado pariente y paisano", una extensa correspondencia. La primera carta de Carrera a Cortés de Madariaga está fechada en Nueva York a 19 de abril de 1816. La transcribimos desde el "copiador" y es como sigue:

"Paisano y señor de todo mi aprecio:

Expresiones no bastan para significar a V. el placer que recibo al saber que ha arribado a Jamaica libre de los nunca bien ponderados bárbaros españoles. La Providencia nos manifiesta de todos modos que se acerca nuestra libertad. Este feliz acontecimiento lo sé ahora mismo por una carta que recibo de Philadelphia por encargo de su buen amigo Dn. Pedro Gual. En el momento tomo la pluma para felicitar a V. y para ofrecerme a su disposición con toda mi voluntad. Cuando sepa la residencia de V. y reciba sus cartas, escribiré detenidamente y haré contento cuanto V. me prevenga.

Salí de Buenos Aires en noviembre de 1815. En aquella época las cosas tomaban un aspecto lisonjero y esperamos que hayan adelantado mucho. De un momento a otro llegarán buques de aquella parte y en ellos exactas noticias que comunicaré a V. sin perder momento. Dénos V. la complacencia de verlo en estos Estados, desde donde V. podrá dirigirse sin obstáculos y con seguridad al punto que guste, o más bien diré a Chile a donde lo llama su obligación y su inclinación.

Tengo el honor de titularme de V. afectísimo, apasionado, paisano y pariente Q.B.S.M.
José Miguel de Carrera".

(En ese mismo copiador hay varias otras cartas de Carrera al canónigo, extraordinariamente noticiosas).

Cortés de Madariaga falleció, pobre y olvidado, en Río Hacha, en 1826. Vicuña Mackenna escribió un libro sobre su vida y lo tituló *El tribuno de Caracas*; publicado en 1881, fue posteriormente incluido en el volumen VII de las Obras Completas de ese historiador (1937).

Viernes 19. Llega Jewett para agitar los asuntos del bergantín.

Hoy se ha presentado Mr. [en blanco] Fellows diciendo que desea pasar a Chile al servicio del ejército; que me habla porque así se lo ha aconsejado el mayor Smith. Le he dicho que nada sé ni puedo en el día y que le avisaré en algún tiempo.

Sábado 20. Se paga la cuenta de Jordán, 25 pesos.

Hoy ha comido en nuestra compañía Mr. [sigue espacio en blanco].

Domingo 21. Contesto a Mr. Erich y le remito una carta para Luis que irá en la *Sampson*. Le aviso haber remitido la carta que me recomendó para Miller, el domingo pasado, por recomendación de Mr. Forbes.

He escrito a mi paisano Cortés a Jamaica, invitándolo a volverse conmigo a Chile en el término de tres meses. Esta carta la he dado también a Forbes.

Lunes 22. Escribo a Luis y queda copia de la carta, menos de la última [¿parte?] en que le aviso de la expedición de Bolívar desde la isla de Santo Domingo.

Escribo también a Javiera, Juan José, Mercedes y a Javiera Roberta. Estas cartas han ido en tres paquetes rotulados a los señores Orr.

Con el mismo sobre remito un paquete de gacetas. Todo lo de algún sigilo va con clave. Las he entregado a Nichols con las cartas de recomendación – Orr, Luis, White y Pinto.

Martes 23. Mr. Jewett en casa de P...... a la que me presentó. Quedó él hasta las diez de la noche desde las siete. Yo me retiré, N° 189 calle de [en blanco].

En la noche, Mr. Griswold ha sido insultado por Mr. Dunbar; pero lo ha castigado y destruido su cara.

Convidé a Shaw y a su cuñado a comer conmigo para mañana a las tres y quedan en venir.

Miércoles 24. Pido 500 pesos a Mr. Forbes por medio de una carta, ofreciéndole pagarlos en mayo. Me visita y ha prometido proporcionármelos para mañana. Desconfío del cumplimiento.

Griswold es insultado por Mr. Talman; salen a duelo y es concluido hasta mañana por falta de un padrino al segundo. Saldrán mañana a las cinco.

Mr. Shaw y su cuñado han faltado a comer y no han tenido la atención de avisar.

Jueves 25. Mr. Forbes no manda el dinero.

El desafío de Griswold es concluido por la cobardía de su contrario. He mudado mi habitación a Mechanique Hall.

Mr. Rosekrans me da una cuenta de 77 pesos que no pago por falta de dinero.

Viernes 26. Escribo a Forbes, exigiéndole contestación categórica por los 500 pesos. Contesta de un modo que deja conocer su falta de voluntad unida a su poco carácter. Llamo a Jewett y descubro que Forbes le ha preguntado por la seguridad que puede tener en el pago, encargándole reserva.

Escribo a Palmer & Hamilton pidiéndole 1.000 pesos para pagar a Forbes y para mis gastos. Se niegan.

En la noche comisiono a Jewett para que vea a Astor.

Me tiro a la cama a las nueve de la noche, medio loco. Es uno de los días amargos de mi vida.

He remitido a Didier dos cartas de recomendación para el sobrecargo de su bergantín el *Decatur*, Mr. John W. McFaden, y le pido de recogerme las cartas que puedan llegar de Buenos Aires dirigidas a Poinsett y a mí, porque luego estaremos en Philadelphia.

Escribo a Erich diciéndole está en mi poder la carta que entregó a Nichols, quien dice no puede llevarla porque tiene órdenes de Didier para no conducir cartas de Erich, por impedirle la comunicación con Mr. [en blanco] que es un pícaro.

Sábado 27. Mr. Astor me contesta que hoy no se puede proporcionarme los 1.000 pesos, pero que me verá mañana. Temo el cumplimiento.

Recibo carta de Gual desde Philadelphia, felicitándome por el escape de Cortés con cuatro más de sus compañeros de infortunio, proporcionado por un inglés.

Casualmente conozco hoy a un don Miguel Arroyo, natural de Caracas, que reside en esta posada. Anoche llegó de Philadelphia y se marcha mañana para el mismo pueblo. Ha manifestado interés por examinar mis intenciones. Se dice patriota; pero yo lo creo enemigo de la causa: o es muy sin carácter, o un espía poco hábil.

Quiere introducirme en algunas casas en Philadelphia y, si yo quiero, al Embajador[63] y a su familia, asegurándome que son muy amables.

Le he dicho, por lo que respecta a la última introducción, que, aunque respeto las virtudes de la familia por su elogio, aborrezco a Onis por la investidura de Embajador del infame Fernando y porque sé que sus intenciones y su corazón son contra la causa; y, sobre todo, que mi carácter, mi patriotismo y mi delicadeza me mandan no mirar semejante gente.

Domingo 28. No ha parecido Astor.

Lunes 29. Astor está perdido. Jewett se ofrece a buscarme mañana el dinero.

Martes 30. Me visita Mr. Whoy, uno de los más interesados en la fragata que se construye para Chile. Me convida a comer mañana con él.

Se niega Astor groseramente al préstamo de los 1.000 pesos. El deseo de pagar a Mrs. Rosekrans me obliga pedir 100 pesos a Forbes (gran sacrificio) y queda en darme 400 más en tres o cuatro días.

En la noche, el buen Jewett acabó de descubrir su maldito carácter. Contó a Mr. Griswold cuánto tuvo presente. No conseguirá la fragata; pero yo la armaré en corso; Poinsett no le dará medio real y no ha querido pagarle 1.700 pesos; el gobierno de

---

[63]   Alude, sin duda, al Ministro Plenipotenciario español don Luis de Onís, quien entonces residía en Filadelfia.

Buenos Aires es su enemigo, etc., etc., etc. He aquí el corazón de este indigno aventurero.

Pagué a Mrs. Rosekrans y queda debiéndome veintitrés pesos.

[MAYO]

Miércoles 1° de Mayo. Acompañado de Jewett, como con Whoy. Su agrado, su experiencia y sus ofertas acreditan una buena alma.

Jewett, como arrepentido de lo de ayer, me trató con un cariño falso. Mr. Ross me ofrece dinero a nombre de Mr. Strong hasta 500 pesos.

Recibo carta de Mr. Erich por la que conozco al doctor Bohlmann [?] quien se me ofrece en Inglaterra, particularmente para mandarme fabricantes de cristales, fierro, y para que tratemos de trabajar la platina en Chile cuando aquel país esté libre.

Jueves 2. Me visita Mr. Strong con Eckford, y los carpinteros [en blanco], para consultarme sobre el establecimiento de un *steamboat* en la ribera de la Plata. Les he estimulado fuertemente para que lo verifiquen.

Como con el mayor Foster, en la Isla del Gobernador. En la noche, enganche con Mary Ann.

Viernes 3. Strong me da 150 pesos, me ofrece darme más si necesito y no toma recibo.

He satisfecho a Mr. Griswold de las imposturas de Jewett, mostrándole secretamente algunas cartas.

Sábado 4. Llega de Buenos Aires la fragata *Bernarda* y en ella Thompson[64], Turner, etc.

---

[64] Martin Jacobo Thompson. Nació en Buenos Aires el 4 de mayo de 1771. Hijo de Pablo J. Thompson y de Tiburcia López Escribano y Cárdenas.

Estudió en Londres y de allí pasó a España para iniciarse en la carrera naval como guardiamarina. Casó en Argentina, en 1805, con María Sánchez de Velasco. Tuvo cinco hijos.

Asistió al Cabildo en 1810 como capitán del puerto de Buenos Aires; tenía el grado de alférez de fragata. Se dice que fue el inspirador de la música del himno nacional argentino. En 1816, ya coronel de Marina, fue enviado a los Estados Unidos de

América, con el carácter de "diputado" de las Provincias Unidas en la esperanza de obtener el reconocimiento de la independencia nacional y realizar operaciones relativas a reclutamiento de oficiales y compras de naves. No nos resistimos a dejar sin publicar el párrafo de una carta en que Carrera hace un sardónico retrato de Thompson en Estados Unidos:

"D. Henrique Ross repuesto de sus males y hoy acompañando por mi recomendación para conductor de calles al Sr. Thompson quien llegó en la fragata Bernarda con el pomposo regalo de carabina y pistolas para el Presidente de estos Estados. Añade que es representante del capón y va a pasar a Washington en quince días más. Vive en una iudecentísima casa y viste una apolillada levita que con trabajo le alcanza a las rodillas. Para hablar, agarra a las personas de las manos, brazos y muslos, gritando unas veces y acercándose al oído otras. Ya empieza a ser muy conocido y temo que en pocos días más se entreguen [sic] de él los muchachos. Excelente muestra de los porteños; corresponde al Director. Entre las honorables cartas de recomendación que trajo ha ido a entregar en persona una a Velásquez de la Cadena, maestro de español y fino español. En la primera visita le contó que dio la orden de mandar oficiales extranjeros a Buenos Aires y otros encargos importantísimos a la causa, & &. Varios jóvenes oficiales se le presentan a pedirle su protección por divertirse y los admite a todos y les da grados al pedir de boca; pero cuando por mi consejo han exigido por dinero le han dado tan cruel golpe que me dice ha determinado no poner en ejecución su comisión hasta que se adelante más la libertad de Buenos Aires y Chile. La casa de Madama Mariquita para que vivan en ella los oficiales de su cuño es la primera oferta y por esto le llaman Mr. Mariquita. Señor educado en Galicia es la recomendación que se da para tener el aprecio general. Me visita mucho y cuando no estoy ocupado me divierte. Anoche lo perdió Conde y le ha hecho andar todo Nueva York. ¡Silencio! y di a Madama Mariquita que se afine el moño".

(Esta carta de Carrera a su hermano Luis aparece sin fecha en el "copiador". Por referencias internas, parece haberse escrito el 19 de mayo de 1816).

El *Diario...* no registra el hecho de que, probablemente por esos mismos días, Carrera envió al Director Supremo de las Provincias Unidas una fuerte denuncia contra Thompson, cuyos términos resultarían premonitores. Escribió Carrera, según la transcripción que, asimismo sin fecha, contiene el "copiador":

"Cuando se trata de la causa americana, los que tienen un verdadero interés en sus progresos deben no ser indiferentes y cooperar de todos modos a destruir los obstáculos que pueden entorpecer la grande obra en que se hallan comprometidos millones de habitantes. Bajo este principio, me veo en la dura precisión de expresarme contra el señor Thompson a quien he conocido solamente en esta ciudad y con quien me trato amistosamente.

Dice este buen hombre que conduce Embajada de V.E. y que quedará con este alto empleo cerca del Presidente de estos Estados. V.E. seguramente no lo conoce cuando ha confiado a su cuidado el desempeño de tan alta comisión. Sobre el atraso que sufrirán los negocios verá V.E. muy pronto sus malos resultados. No es esto lo peor al presentarse en Washington, en donde alternará con hombres de talentos escogidos, su ignorancia, sus groseras maneras, su ningún patriotismo y su falta de reserva lo harán extremadamente despreciable y darán la más pésima idea de V.E. y de los habitantes de las Provincias Unidas, suponiendo que se habrá escogido la

Recibo cartas de Mercedes, Javiera, Luis, Urra y Diego Benavente. Mal aspecto de las cosas del Sud y disgustos por el estado triste de mi Mercedes.

Domingo 5. Me visita Turner y me da noticia de mi familia.

Lunes 6. Pagué 20 pesos por un solo mes al maestro de francés.

Martes 7. [en blanco]

Miércoles 8. Escribo a Mariano y doy al *Colombiano* [¿por Columbian?] una relación del estado de Buenos Aires.

He conocido y paseado con Mr. Palchan quien me provoca a especulaciones sobre Chile cuando aquel país esté libre. Es alemán y casado; tiene dos hijos.

Jueves 9. Erich me visita a los dos días de su llegada a Philadelphia.

Se me presenta el oficial de marina Mr. Macgowan, con recomendación del español Arroyo, manifestándome grandes deseos de ir a Chile empleado en la fragata.

---

persona más apta para encargarlo de una parte de nuestra libertad y felicidad. Todas las ventajas que debían esperarse si hubiese venido uno de los muchos hombres de talento que hay en ese país van a perderse en las manos de este señor y V.E. al fin tendrá que responder a los pueblos de su conducta.

Parece que uno de los capítulos de sus instrucciones es remitir oficiales para el Ejército y la Marina. Hay en estos Estados cuántos V.E. puede desear adornados de educación, valor y conocimientos; desean ardientemente el ir y ya podrían estar en camino si el Sr. Thompson hubiese querido. Ni pasaje ni un peso para su habilitación quiere proporcionarles; hasta ahora no ha hecho más que recomendar a un mozo sirviente de la posada de Cofre Hall, y al español Velásquez de la Cadena que le busquen oficiales para mandar a Buenos Aires respecto a hallarse con órdenes para ello. Sólo le gusta que sepan su comisión sin que corresponda a ella su porte. Vive en una infeliz casa y en un cuarto con tres o cuatro tenderos de esta ciudad, los que han entablado su diversión con el <u>Embajador de las Provincias de la Plata</u>. Yo procuro reducirlo y trabajo porque el mal sea menor.

Al considerar V.E. que vivo muy distante de apetecer empleos por ese Gobierno y que, lejos de ser enemigo de Mr. Thompson, mantengo con él un trato amistoso, conocerá V.E. que sólo me anima el bien de ese naciente Estado y por consiguiente el buen nombre de V.E".

Thompson fue destituido en 1817, acusado de negociar patentes de corso en blanco y de haberse excedido en su comisión. Murió el 23 de octubre de 1817, durante la travesía de regreso a Argentina, encontrando sepultura en el mar (su viuda, la famosa Mariquita, casó más tarde con Juan de Mendeville, Cónsul de Francia).

En la tarde paseé con Erich y le manifesté mis sentimientos contra Palmer & Hamilton.

Viernes 10. [en blanco]

Sábado 11. [en blanco]

Domingo 12. Visité a Thompson. Conocí su barbaridad, su presunción y todo cuanto él es.

Murió en duelo Mr. Prys [?] a las doce del día; su muerte ha consternado al pueblo, porque era sujeto muy apreciable. El mayor inglés Mr. Green fue su contrario y quien tuvo buen tino al sexto balazo, tirado a seis pasos; los primeros fueron a dieciocho pasos.

A las nueve de esta noche, aniversario de la fuga de Chillán.

Lunes 13. [en blanco]

Martes 14. Por el bergantín *Stricker* recibo carta de mi Mercedes y de Urra. Mejora la situación del Ejército del Perú, pero me consterna más la de mi Mercedes. La fecha, 11 de marzo.

Doy al *Columbian* las noticias.

Cooper ha ido a ver al viejo Thompson, pidiéndole le despache a Buenos Aires, si es que tiene órdenes de aquel Gobierno para enganchar oficiales extranjeros. El objeto ha sido averiguar la verdad de la comisión que pueda haberle dado el Gobierno a este caballo [sic!].

Miércoles 15. Me escribe el redactor del *Columbian* una muy atenta carta, ofreciéndoseme y haciéndome algunas reflexiones sobre la libertad del Sud.

Jueves 16. Se publican las noticias y extractos de Buenos Aires.

Strong me presta, por una carta mía, 200 pesos.

Viernes 17. [en blanco]

Sábado 18. No cumplió Griswold con pagar a Mrs. Rosekrans 400 pesos en el término de veinte días, a lo que yo presté mi firma; y hoy he firmado otro papel por veinte días más. Temo un chasco de este diablo, por malditos informes reservados que me ha dado Cooper de él.

Domingo 19. Escribo para Buenos Aires a Luis, Urra, Diego Benavente, Mercedes y Javiera, bajo cubierta de De Forest a quien le pido auxilie a Mercedes en todo ofreciéndole pagarle a mi llegada. Le digo que el dinero destinado a su socorro no llegará a mis manos hasta los primeros días de junio.

Lunes 20. Remito a Mr. Forbes las cartas para Buenos Aires y una para Mr. Smith a Inglaterra. Las primeras marchan por……..
Deja las cartas Forbes; no sé cuándo irán. C……
Doy 23 pesos a Jordán para pagar la casa, etc.

Martes 21. He dado cartas de recomendación a los señores el coronel Rosell y el capitán de fragata Jouneuze, ambos emigrados franceses que pasarán a Buenos Aires.
D. Pedro Gual los recomendó y a él le hago algunas advertencias.
Javiera, Luis, Pinto, Fernández, Orr, De Forest.

Miércoles 22. Jueves 23. [en blanco]

Viernes 24. Me presentan en la casa una cuenta de 172 pesos por veintiocho días.
Escribí reconviniéndole a Mr. Forbes por los 400 pesos. No estaba en su almacén; pero no ha contestado en todo el día.

Sábado 25. Pido 150 pesos a Strong, porque temo que Forbes me falte, y me contesta que hasta el miércoles próximo no puede darlos.
Forbes no contesta.

Domingo 26. Strong me visita y me asegura otra vez que el miércoles dará los 150 pesos.
Mr. Forbes me visita en la tarde, no me encuentra y me deja su nombre. He pedido 200 pesos a Thompson para cambiarle por papel con el objeto de servirme de ellos hasta el miércoles.
Comí con Courtenay.

Lunes 27. Escribo a Gual, incluyéndole carta de recomendación de Mr. Thompson para los señores Roul y Jounion.

También a Mariano Benavence, en contestación a la suya del 13.

Martes 28. Visité a Whoy y no estaba en casa.

Miércoles 29. [en blanco]

Jueves 30. El viernes, por mano de Mr. Erich, remito a Luis una papeleta de noticias pertenecientes a América del Sur, inclusa la que se anuncia de haber sido derrotado Morillo y la expedición de Bolívar.

Dice Erich que el sobrecargo llevó las dos cartas. El buque se llama [en blanco].

Comí con el mayor Romayne en la isla.

Viernes 31. Se publican noticias de que Morillo ha subyugado el reino de Santa Fe, en la gaceta de *Evening Post.* La noticia es extractada de la gaceta de Philadelphia, que se refiere a cartas de La Guaira. La tal noticia provocaba a reflexiones en favor de los patriotas, y después de escritas por mí en inglés las publiqué en el *Columbian* el [en blanco].

Asistí con Griswold al grande oratorio en San Pablo: trescientos actores, pero malo.

[JUNIO]

Sábado 1° de Junio. Llega de Saint Thomas Mr. Wiers y me cuenta de la expedición de Bolívar.

Dientes nuevos porque ayer se me quebró uno.

Domingo 2. Recibo carta de Mr. Poinsett del 22 de mayo.

No me gusta su lenguaje.

Lunes 3. Mr. Lusch me da el *Argos* de Albany y en él veo verificadas mis sospechas respecto de las glorias de Morillo, a quien lo pintan destrozado las gacetas de Jamaica.

Contesto a Poinsett.

Martes 4.– Miércoles 5.– Jueves 6.– Viernes 7. [en blanco].

Sábado 8. Mr. Chance [¿por Chauncey?], hermano del Comodoro, me visita para hablar con el viejo Thompson sobre ir a Buenos Aires con dieciséis o veinte oficiales más, a servir por tres o cuatro años.

Thompson, interpretado por Monson, dice que sí; pero que es preciso esperar nuevas noticias. Ofrece mostrar el capítulo de sus instrucciones que habla de remesa de oficiales, para que yo lo ponga en inglés; que pagará el pasaje y dará 500 pesos para el rancho de los oficiales, etc. Come conmigo.

150 pesos Strong.

Domingo 9. Comen conmigo los oficiales Peña y Novoa.

Ayer, acompañado de Griswold, visité la casa de [en blanco].

Cortas noticias de la costa de Chile del 23 de enero.

Lunes 10. En la comedia, en donde he sido introducido por el oficial Hoffmann a Mr. [en blanco], Griswold me pide 150 pesos.

Martes 11. Me dan la protesta de Griswold de 410 pesos. Hablo con Cooper, Hoffmann y Lush sobre el particular. Los dos últimos quedaron en hablar con Mrs. Rosekrans y no lo han hecho.

Miércoles 12. Duro momento para Griswold.

Jueves 13. Cierro una carta para Luis que contiene: Las noticias de la Guaira de 4 de mayo. Mis reflexiones sobre el particular publicadas el 1° de junio en *Colombia* [¿por *Colombian*?]. Las noticias de Kingston de 1° de abril, publicadas en New York sobre el estado de Caracas. La declaración de Mr. Wiers sobre la expedición de Morillo. Las noticias del *Argos* de Albany confirmando mis reflexiones del 1° de junio. La relación histórico-geográfica de la *Gaceta de Inteligencia General* del 25 de mayo pasado. Le digo que mis cartas del 29 se quedaron por el descuido de un amigo. No me escribió por el *Stricker*. Mercedes y Urra se acordaron solamente. No ha llegado aún Poinsett. Aviso de la expedición que se intenta a las órdenes de Abadía. Aún no se sabe el éxito de Bolívar, ni hay noticias de México. Preparativos de buques de guerra y anuncios de que la habrá con los españoles muy luego, según algunos individuos del Gobierno. Amistad con los de Bonaparte a quien seré presentado por lo que pueda convenir en lo futuro. Adelantan mis asuntos. Saldré en agosto. Que continúe escribiendo sin tocar asuntos de familia; Mr. Poinsett abrirá las cartas. Siguen las barbaridades del Embajador Thompson. Conducta de Soontag relacionada por Monson. Así consta de la carta que escribió de Inglaterra a Mr. Prebbel a Bordeaux y que éste escribió a los señores Le Roi Bayard y McEvers para reclamar el bergantín. Dice Soontag que en Buenos Aires fue tratado peor que entre los argelinos, etc., etc. A Mc.Farlin, que él y Tastet han perdido cuanto tenían en el bergantín por la intriga de un hombre deshonorable. El bergantín irá conmigo. *Silencio.*

Viernes 14. Se publica en las gacetas la expedición de Bolívar; he traducido estas noticias y remitido a Luis.

Sábado 15. Se publican noticias de Buenos Aires y el señor Embajador Thompson se muestra como desesperado por las ventajas de Artigas.

Domingo 16. Pasé con Mr. Erich a la Isla Larga[65] y en una berlina fuimos a Bath, dos leguas y media de New York.

A mi vuelta, encontré en casa a Mr. Jewett quien se manifestó muy circunspecto.

En la tarde fui a ver el bergantín, con Mr. Edwards y Griswold. Parece excelente para el destino.

En la noche he hablado con el coronel [en blanco], a quien regalé un peso de Buenos Aires.

Lunes 17. Excelentes noticias de Bolívar, México y Buenos Aires, publicadas en las gacetas.

Martes 18. Jewett se demostró ayer más afable y me habló sobre nuestra expedición.

Ayer escribí a Mr. Didier para que recogiese mis cartas y preguntándole si hay buque para Buenos Aires. Las cartas debe recogerlas de la goleta *Swift*, Hackett.

Hoy doy a Mr. Daniel B. Hely carta de recomendación para Luis a quien sucintamente insinúo las noticias de México y Caracas.

Escribo a Mr. Adams, preguntando si hay ocasión para escribir a Buenos Aires.

Miércoles 19. He ido con el capitán Chance, hermano del comodoro, a ver la goleta *Tránsito* del dominio de Eckford y Brown. Mr. Strong quiere que la compremos para armarla. Chance dice que no es muy buena para este efecto.

Me visita el capitán Gambles y me presenta al Dr. Marchan quien me deja su nombre y me pide lo visite en su casa.

Jueves 20. Come conmigo Strong y hemos visto otra vez la goleta por la que pide Eckford 8.000 pesos. Este mismo me ha dicho que los carpinteros de la grande fragata han quebrado y que no se acabará esta obra. Todos los días menos esperanzas.

---

[65] Evidentemente se refiere a Long Island.

La gaceta de hoy, *Evening Post*, contiene noticias lisonjeras de Bolívar.

Viernes 21. Noticias favorables a Morillo en la gaceta *Columbian* del día de ayer, pero con una nota del editor en contra. La *Mercantil Advertencia*, más noticias en favor de Bolívar, fecha de hoy.

Pedí al viejo Thompson 500 pesos para pagarlos en Philadelphia y sólo me mandó 200 pesos, que le devolví. Jordán le exigió por mi carta y dijo que la había roto; no lo creo. En la tarde no se ha atrevido a venir

Nuevamente me reconvienen por el pago de Griswold, cuando ya creía satisfecha esta cantidad. Él está en el campo a donde ha ido sin hablarme palabra.

Esta noche, Jewett muy placentero. Forbes me visita y se van juntos; hace días que recelo de alguna intriga de Jewett y Forbes.

Sábado 22. Escribo recomendando al Dr. Montgomery a don Juan José Bustamante, don Nicolás Santiago Rotalde y a doña María Pinto de Mayo, *Cádiz*; les digo que si me contestan pongan el siguiente sobre: *James G. Forbes Esqr., New York*.

Las cartas del 20 de enero, que había escrito al general don Manuel Freire y a don Agustín Jáuregui[66], van solamente ahora por el descuido de Monson.

Domingo 23. Me visita el Embajador Thompson después de su enojo.

En la noche se manifestó el S. Jewett más dulce que lo acostumbrado.

Lunes 24. El viejo me presta 200 pesos.

Se reciben muy buenas noticias. Parece que Morillo y Morales han sido derrotados por Urdaneta y Torricer en Santa Fe.

Pagué la posada.

Martes 25 . [en blanco]

---

[66]   No hay transcripción de estas cartas en el "copiador".

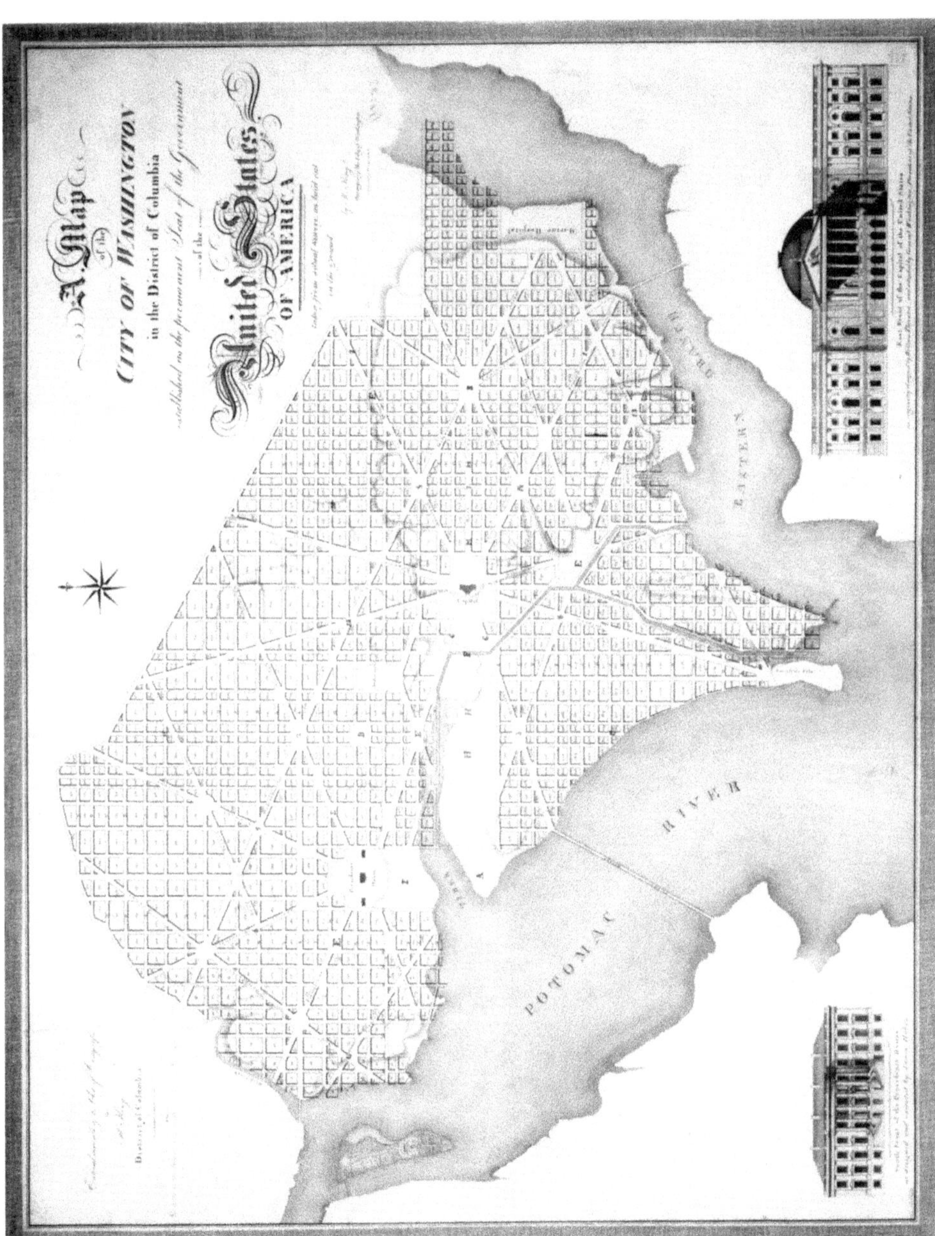

WASHINGTON.

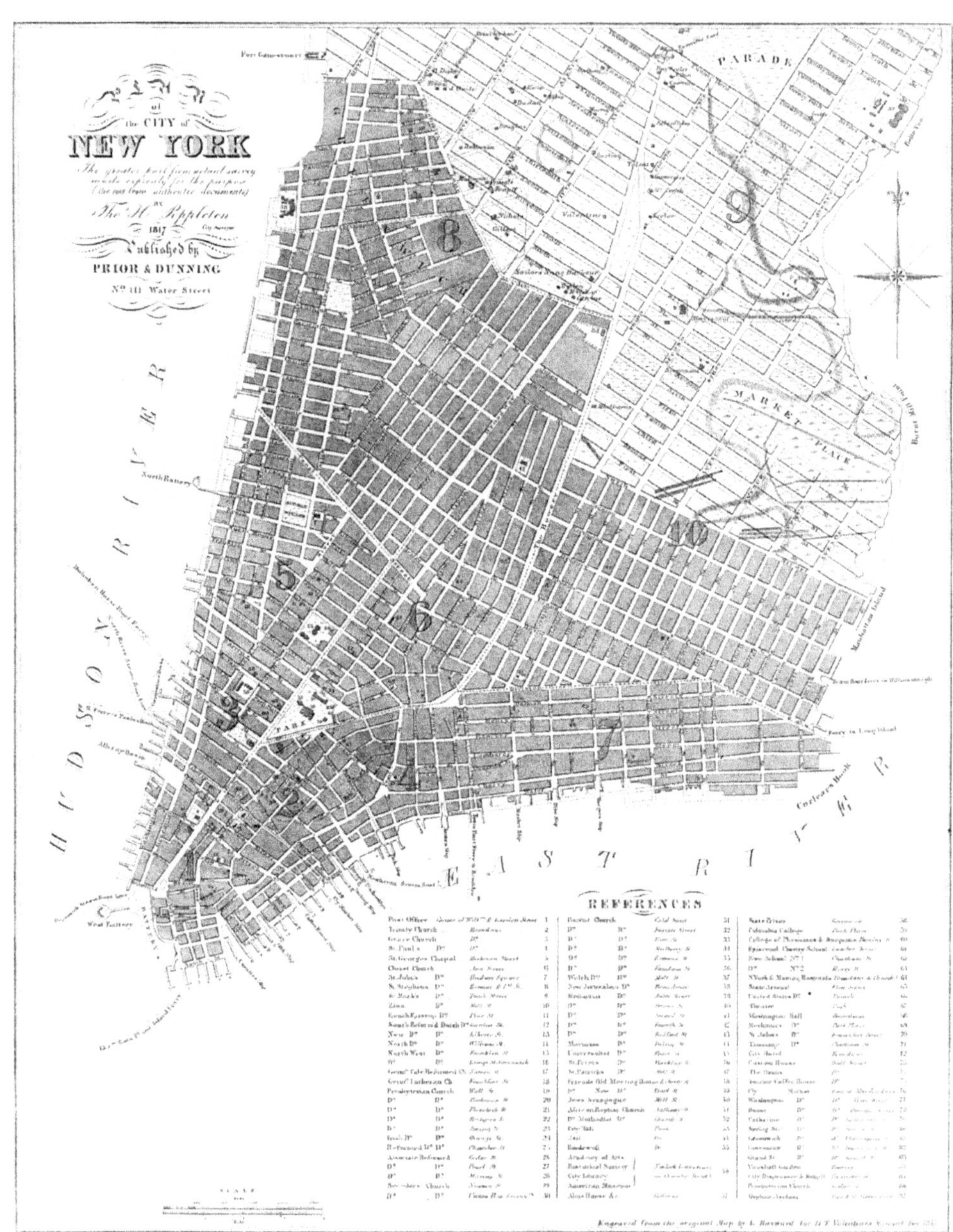

NUEVA YORK.

Miércoles 26. [en blanco]

Jueves 27. [en blanco]

Viernes 28. Nuevas noticias de Bolívar muy satisfactorias.
Tomo nuevo maestro de inglés; se llama Alexander Thompson Spring.

Sábado 29. Se reciben noticias de que la goleta *Rump*, mandada en corso por Taylor a las costas de Cádiz, ha vuelto al sur de éstas después de haber hecho muchas presas. La tripulación se sublevó y los particulares se ven en las gacetas.

Domingo 30. Me visita el caraqueño Rivas, acompañado de Mr. Chartrana quien quiere patentes para salir en corso y yo le he ofrecido una de Chile.
En la semana anterior me visitó el caraqueño [espacio en blanco].

[JULIO]

Lunes 1º de Julio Nuevas noticias muy satisfactorias de Bolívar. Excelentes de Brown, que está sobre Cádiz. Anuncios de guerra con España.

Jewett hecho el demonio.

Martes 2. Thompson firma un privilegio exclusivo a Mr. Strong, cuya copia conservo para memoria.

Jewett se porta de modo que me ha obligado a prometer no hablarle más; pero, conociendo él mi incomodidad, me busca y me obliga a no cumplir.

Miércoles 3. [en blanco]

Jueves 4. Grande contento de los americanos por el aniversario de su Independencia.

Llega Poinsett; se aloja en la misma posada. En la tarde hablamos sobre la expedición y me desanima su lenguaje.

Jewett lo visita y le dice que juzga que yo no tengo confianza en él y protesta que, de todos modos, será eterna su amistad hacia mí, etc.

Viernes 5. Con Poinsett hemos tomado té en casa de Monson, donde conozco al coronel polaco Mr. Skupieski, barón de Bellina[67], y a su

---

[67] Antonio barón de Bellina Skupieski era polaco de nacimiento y, según los títulos que exhibía, había servido en el ejército francés hasta obtener el grado de coronel de Estado Mayor. Después de la campaña que concluyó en Waterloo, emigró a los Estados Unidos y logró ser presentado a Martín Thompson, enviado diplomático argentino, quien, a pesar de que lo consideraba "un bruto arbitrario", lo contrató para que pasara a Buenos Aires con un pequeño grupo expedicionario. La fragata *Océano*, que los transportaba, salió de Nueva York a principios de octubre de 1816.

Bellina Skupieski viajó en esa oportunidad premunido de una recomendación de Carrera para su hermano Luis. Con todo, en una carta que el barón llevó consigo, fechada en Nueva York a 14 de septiembre de 1816, escribía José Miguel a su hermano:

"El coronel Bellina, que conduce ésta, puede decirte algo más: no te fíes de él; hazle mucho cariño, pero míralo como un grande embustero, y como hombre sin educación, sin talento y sin

mujer. Habló conmigo sobre las ofertas de Thompson y parece de muy poco talento.

Cuando nos retirábamos de la sociedad, me dijo Mr. Poinsett que Jewett temía que yo colocaría a Brown con preferencia a él y que en tal caso no iría.

Aprovechamos tan buena oportunidad para separarlo. Mañana le dirá Poinsett que, siendo tan incierto el logro de mis deseos, es mejor se dedique a sus trabajos particulares a pesar que yo estoy firme en mis ofertas.

Sábado 6. Visito en compañía de Mr. Gravier[68] al coronel polaco y, enseguida, a José Bonaparte[69], quien me ha entretenido tres horas

---

nada más que valor. Era oficial de ordmanza de Napoleón, capitán graduado de coronel. Se pinta después con los colores que quiere; pero mis amigos el Mariscal Grouchy y el coronel Clauzel me le han dado a conocer bien, bien".

Barros Arana dedicó al barón un artículo que apareció en la *Revista Chilena* de octubre de 1875 y se incluyó, más tarde, en el tomo XI de sus *Obras Completas*. Más adelante lo calificaría de "personaje grotescamente ridículo" (*Historia General de Chile*, T. 11, p. 112). El historiador transcribe allí opiniones de Pueyrredón, San Martín y O'Higgins que son coincidentes a su respecto.

Bellina fue separado del Ejército por decreto de 15 de mayo de 1817. Con posterioridad, según el coronel Jorge Beauchef *(Memorias militares*, Editorial Andrés Bello, Santiago, 1964) este pintoresco personaje terminó ejerciendo como médico en Ecuador en 1829 o 1830.

[68]   Rafael Gravier del Valle, muy vinculado al círculo de José Bonaparte, aparece a menudo mencionado en el *Diario...* simplemente como Valle. No sabemos por qué algunos historiadores lo aluden como "general" o le atribuyen nacionalidad francesa. Carrera lo describía como "andaluz" y es probable que haya pertenecido a los españoles que colaboraron en alguna forma con la administración bonapartista.

En 1816, actuando en oportunidades como recadero del ex rey José, Gravier mediaba en la relación de aquel con Carrera, como consta de diversas anotaciones de este *Diario...*

Por otra parte, el *Archivo Vicuña Mackenna* contiene no menos de una docena de cartas en que este personaje informa a Carrera acerca de lo que acaecía en el círculo de Bonaparte, en los Estados Unidos, y ofrece ayudarle en asuntos de dinero.

(Poseemos documentación según la cual, en 1820, Gravier del Valle sugirió a la Corona española un proyecto para devolver América a la metrópoli, tratando de comprometer en él a Carrera. La exposición de este tema y las consideraciones que nos merece son ajenas a la presente obra).

[69]   José Bonaparte, hermano de Napoleón (1768-1844). Fue diputado por Córcega en el Consejo de los Quinientos, en Francia (1796) y, al año siguiente, Embajador en

con su conversación reducida a manifestarme la necesidad de no perder tiempo en nuestra revolución, a enterarme de su conducta en España, de los malos pasos que allí dio el Emperador[70], etc., etc., etc. Muchas ofertas, muestras de amistad, etc.

Domingo 7. [en blanco]

Lunes 8. Forbes me cobra los 600 pesos con bastante grosería. Le contesto ofreciéndolos para la próxima semana y le doy a Jewett la carta para que me haga el favor de dársela.

Martes 9. Doy a Chartrana dos pliegos para el general Bolívar, con quien deseo entablar relaciones por medio de Poinsett[71]. El uno de ellos contiene una patente de corso, sellada y firmada, pero sin llenarla

---

Roma. Desempeñó otras funciones diplomáticas y en 1806 Napoleón lo convirtió en rey de Nápoles; dos años más tarde ocupó el trono español. Después de la derrota napoleónica en Waterloo, José pasó a los Estados Unidos, con una gran fortuna, habiendo adoptado el nombre de Conde de Survilliers. Vivió en Bordentown, Nueva Jersey, hasta 1832 y posteriormente residió en Inglaterra e Italia.

Falleció en Florencia el 28 de julio de 1844.

[70] Es una obvia referencia a Napoleón I, con quien, efectivamente, José tuvo numerosas discrepancias cuando ocupaba el trono de España.

[71] El primero de esos pliegos era, sin duda, la siguiente carta de Carrera a Bolívar, que hemos encontrado en el "copiador":

Excelentísimo Señor:
"New York, 6 de julio de 1816.
En los momentos mismos que con el mayor dolor oímos los triunfos de los españoles, hemos tenido la gloria de saber que había buenos americanos que atropellando toda clase de inconvenientes marchan a libertar a sus desgraciados compatriotas y a exterminar para siempre a los más feroces opresores. Todas las noticias recibidas hasta hoy nos aseguran de los progresos de ese virtuoso y valiente ejército que sin duda se adquirirá la gratitud de todos los buenos hombres del globo. Nada es más indispensable que establecer nuestra defensa de un modo impenetrable a los tiros y asechanzas de los bárbaros. Si los poderosos pueblos de América combinan sus operaciones y establecen sus relaciones, acabarán de un soplo con sus enemigos. Es obra muy difícil en las actuales circunstancias; pero nada se opone a la constancia y a la buena intención. Un ciudadano de estos Estados a quien conozco mucho se compromete gustoso en ser el director de las correspondencias de los jefes sudamericanos, agregando en ellas todas las observaciones y avisos que juzgue más oportunos. Recomendar a V.E. el mérito de este sujeto sería muy excusado cuando yo me veo en la necesidad de exigir cartas de algunas personas para que me den a conocer. Sólo deseo no perder tan buena oportunidad para suplicar a V.E. que sobre este particular se sirva comunicarme sus ideas; dirigiendo las cartas al Sr. Dn. Pedro Gual hasta tanto que

para que Chartrana pueda tomarla en la mar como robada para no comprometerme con este Gobierno. Me ha dejado recibo de los dos pliegos; yo no tengo muy buena idea de este hombre.

Comí con Astor acompañado de Poinsett; mucho del cariño acostumbrado.

Miércoles 10. Me lleva Poinsett a ver a Astor con el objeto de hablarle; pero no hay proporción y quedo citado con Poinsett para pasado mañana a la hora del almuerzo.

El barón de Bellina me convida a comer y allí me encontré con el gran Thompson, quien habló brutalidades a su gusto.

Conocí a los dueños de la casa, Mr. [en blanco].

Jueves 11. José N.[72] me manda recado con su secretario, saludándome y satisfaciéndome de los motivos por qué no me visita.

En las gacetas se anuncia la vuelta de la *Macedonia* de Cartagena, con todos los prisioneros, y se me dice que sale la *Guerrera*, de 44, al Pacífico.

Viernes 12. Las gacetas dicen que va al Pacífico la *Macedonia* a reclamar al Virrey de Lima presas y prisioneros; algo más hay.

Mr. Poinsett habla con Astor y, aunque me dice que no se niega abiertamente el auxilio por consideración a su persona, no espera nada de él. Así lo creo y también creo que la tibieza de Poinsett es increíble.

Recibo largas cartas de Cortés y de Roscio[73] desde Kingston.

---

reciba V.E. una corta relación del estado actual de las Provincias Unidas del Río de la Plata, de las de Chile y de Lima, para que pueda formar un juicio exacto de nuestra situación.

Corónese V.E. de laureles haciendo feliz esa preciosa parte del Nuevo Mundo y dígnese creerme su reconocido y apasionado compatriota.

José Miguel de Carrera".

[72] Alude a José Bonaparte con el cual, como se ha visto, Carrera había iniciado contactos el 6 de julio.

[73] Juan Germán Roscio. Nació en San Francisco de Tiznados cerca de 1769. Hijo de Cristóbal Roscio, milanés, y de Paula María Nieves.

Estudió en Caracas. Doctor en Derecho Canónico y Civil (1794-1795). Tuvo importante participación en los sucesos venezolanos del 19 de abril de 1810 y la Junta

Sábado 13. Propuesta de Mr. [en blanco] por medio de Poinsett; mañana se sabrá lo cierto.

Hago tentativa de encontrar mi armamento por los conocimientos de Mr. Erich con algunos comerciantes de Baltimore. Le he dado un chiquito prospecto y él me ha dejado copia de un papel muy insustancial.

Domingo 14. Hago una nota para Poinsett que temo entregársela, porque veo su frialdad.

Me apura el pago de Forbes.

Mr. Chauncey me dice que puede suceder entre en negociación un amigo suyo y que mañana me contestará.

Mr. [en blanco] ha hablado conmigo largamente sobre la expedición y creo que tal vez la haga.

Lunes 15. Habla Poinsett conmigo y me encarga que, si mando caudales de Chile, no los fíe a Mr. [en blanco] ni a ningún extranjero; que de todos modos deben venir con Benavente u otro.

Nada ha conseguido Mr. Chauncey; pasaje de éste con el mayor Romayne.

Martes 16. [en blanco]

Miércoles 17. Convida Astor a Poinsett a comer, para hablar sobre asuntos de Chile. Ninguna resulta y repite su convite para el siguiente día, para lo mismo.

Habla Poinsett del comodoro [en blanco] con poca confianza; lo cree no muy bueno.

Suprema, establecida en nombre del Rey, lo designó Secretario del despacho de los asuntos exteriores.

Enviado preso a Cádiz, a fines de 1812, junto con Cortés de Madariaga y otros patriotas, pasó prisionero a Ceuta, en mayo de 1813. Un comerciante inglés, Thomas Richards, cooperó a su evasión; pero, refugiado en Gibraltar, fue entregado al gobierno español. Una vez libre por mediación del gobierno inglés, viajó a Jamaica en 1816; esta es la época de su correspondencia con Carrera.

Roscio no pudo avenirse con Bolívar y siguió viaje a Filadelfia. Allí publicó, en 1817, su obra *El triunfo de la libertad sobre el despotismo*.

En diciembre de 1819 fue electo Vicepresidente del departamento de Venezuela.

Come conmigo Chauncey y me habla con entusiasmo del armamento de la goleta, diciéndome que él sólo podía hacerlo por lo respectivo al buque. Pide hablar a Poinsett mañana y queda citado a las diez.

Llega la *Francis Henrietta*.

Jueves 18. Presento a Erich y a Strong a Poinsett.

Después de la sesión de Chauncey y Strong nada resultó y los veo más desanimados. Creo que Chauncey es caviloso y voluble. Siento la conversación que he tenido con Chauncey en City Hotel, porque puede interpretar algunas palabras como ofensivas a mi amigo Poinsett, porque manifestaban desconfianza.

Nada ha adelantado Poinsett con Astor; pero su semblante alegre me hace creer que no quiere hablar claramente.

Recibo carta de Luth, recomendándome a Mr. Charles Roberts, que me parece un títere; quiere ir a Sud América.

Viernes 19. Poinsett cree es mejor ir solo hasta Baltimore para mis asuntos.

Le doy las cartas topográficas chiquitas para trabajar la grande.

Me da él una carta de crédito para Astor, de 1.000 pesos, porque se la pedí. Se marcha a las diez y le he acompañado en el *steamboat* hasta quince millas de aquí.

A mi vuelta hablé con Chauncey, enmendando la conversación de ayer lo mejor posible.

Sábado 20. Tomo los 1.000 pesos de Astor y pago a Forbes 600, 222 a la posada, 25 a Jordán.

En la tarde, lindo pasaje con Thompson y el pícaro Ross. Regalo de Strong: sable.

Domingo 21. Escribo a Poinsett. Noticias de Brown en la costa de Chile[74]. Armar el barco de Curcier; temores de que no se verifique

---

[74] En la época a que se alude en esta parte del *Diario…* la expedición corsaria que comandaba Guillermo Brown, aun permaneciendo alejada de las costas chilenas, había creado en muchos puertos una paralización casi absoluta de las actividades navieras. (Barros Arana, *Historia General de Chile*, tomo 10, p. 441).

lo de Baltimore; ofrece ir a acompañar a Poinsett. Noticias de la colonización. Encargo para ver a Mier y Guerra[75] y averiguar del libelo y conducta de Irisarri. Imprenta, carta topográfica. Mandar a Benavente de Wilmington.

Escribo a Benavente que se venga al momento; que pida dinero para su viaje que yo pagaré y, cuando no, pida a Poinsett en New York.

Empero, las noticias que había recibido Carrera de labios de un pasajero de la nave *Francis Henrietta* eran en el sentido de que Brown había destruido completamente todo el comercio español y los buques de Fernando VII en el Pacífico y, asimismo, que Coquimbo había sido capturado por una división chilena (Carta de Carrera al canónigo Cortés de Madariaga, fechada en Nueva York a 14 de julio de 1816; en el "copiador").

[75] José Servando Teresa de Mier Noriega y Guerra a quien, en adelante, Carrera menciona a secas como Mier.

Mier nació en Monterrey (México) en 1763. A los dieciséis años ingresó a la Orden de Predicadores; pero, por referirse a la Virgen de Guadalupe en términos contrarios a la ortodoxia fue excomulgado y despojado de su calidad de doctor. Se le envió desterrado a España y estuvo encerrado en conventos de Caldas y de Burgos. Se trasladó a Madrid para protestar contra la decisión punitiva y el Consejo de Indias delegó en la Real Academia de la Historia la revisión del proceso. El fallo fue parcialmente favorable a Fray Servando; pero no se le concedió la reparación que esperaba.

Mier emigró a Francia y llegó a Bayona en 1801; luego viajó a Roma, donde consiguió la secularización. Volvió a España y se trasladó a Londres para luchar por la independencia de su patria. Se embarcó para México y allí le hicieron prisionero y lo desterraron. Se fugó luego de La Habana, pasando a los Estados Unidos.

Carrera lo conoció en este periodo y en el *Diario...* anota las impresiones que le causó. Más tarde, en carta que dirigió a Cortés de Madariaga desde Nueva York, el 16 de septiembre de 1816, se refirió al patriota mexicano en términos muy tajantes:

"El Dor. Mier es de aquellos hombres muy singulares: después del patriotismo que acreditan sus libros, nada más puede esperar de él la América. Si se acerca a los gobiernos no hay un mejor medio para aumentar la división entre nosotros. Es hombre voraz, intrigante, sin recomendación en la sociedad, bastante inmoral y falsísimo con los que llama amigos. Mina, creo, lo ha hecho Obispo; lo que puedo asegurar a V. es que en Baltimore se ha hecho las vestiduras".

Mier tomó parte en la malhadada expedición de Mina a México en 1817, a la cual nos referiremos en otra nota. Escribió varias obras y tradujo a Chateaubriand.

Falleció en su ciudad natal en 1822.

(Las informaciones precedentes emanan en parte de una pequeña biografía de Mier escrita por Helen Delpar para la *Encyclopedia of Latin America*, 76 1974).

El comodoro Lewis quiere hacer su viaje a Caracas y volver aquí antes de ir al Pacífico. No me gustan sus intenciones. Dice que se vende la goleta *Saley* de 250 toneladas, tan buena como la *Tránsito*.

Lunes 22. Nueva infame conducta de Griswold. Falta a su palabra de honor y no paga a Mrs. Rosekrans. En las respuestas que me ha dado acredita su bajeza.

He sido intimado de pagar para el próximo lunes.

He dado a Griswold mi firma para buscar 450 pesos por veinte días.

Martes 23. Pone Thompson en mis manos el embarque de Skupieski y siete oficiales. Paga 300 pesos por cada uno. Es éste el momento de aprovecharnos de un buen transporte.

He sido invitado para ver 1.300 fusiles que vende Mr. Swley, por S. Waters en Pearl St. 248.

Se despide Thompson de mí con protestas de amistad y le doy a Jordán para que le acompañe, y la gramática de Chartreau para aprender francés.

José Bonaparte me regala una perra perdiguera muy bonita.

Dice Ross que un oficial llegado de Philadelphia dice haber hablado con el capitán de un buque arribado de Valparaíso quien asegura haber vendido a los patriotas, en un punto de la costa, 2.000 fusiles. Lo he mandado a tomar los nombres; pero no lo creo.

Después de muchas diligencias hechas para buscar las cartas que podía traer la *Francis Henrietta*, resulta que no tengo ninguna. Raro, de todos los míos, o rara picardía del capitán Mr. [en blanco] un [en blanco].

Miércoles 24. Griswold habla conmigo para satisfacerme de sus buenas intenciones hacia mí; me da parte de su casamiento y me asegura que pagará mañana a Mrs. Rosekrans.

Mr. Gamble ha presentado a Mr. [en blanco].

Mr. Thompson se ha marchado con Jordán.

Mr. Strong es conocido que nada puede hacer en favor de la expedición. Hoy me ofrece Mr. S. Waters vender 2.000 fusiles de la fábrica de Massachusetts, en 100 pesos, y Forbes me dice que hasta en 8 los dará.

He trabajado para que vaya a Montevideo un buque que pueda servirnos de transporte para llevar las tropas a Chiloé. Erich es encargado en esto.

Jueves 25. Me visita Mr. Irvine[76], redactor del *Columbia*, [¿por *Columbian?*] quien me escribió el 22 una carta muy larga recomendándome a un amigo suyo para que lo lleve a Chile.

Mr. Gravier me da recado a nombre de Bonaparte, con toda clase de ofertas; asimismo, me dice que el general de ingenieros Lavaysse[77] quiere verme e irse conmigo, y también un arquitecto, Mr. [en blanco].

[76]   J. Baptis Irvine. Según Vicuña Mackenna, era un irlandés fogoso, interesado en la causa de la independencia sudamericana, asunto al cual dedicó muchas columnas el periódico *The Columbian* que dirigía. Andando el tiempo, sirvió una misión diplomática estadounidense en Venezuela (en el *Archivo Vicuña Mackenna* hay numerosas cartas que Irvine escribió a Carrera).

[77]   Jean J. Dauxion-Lavaysse. Nació en Saint-Arailles (Gers) el 12 de diciembre de 1775.

Muy joven viajó y recorrió la región del Caribe y parte de los Estados Unidos. En 1812 se hallaba en París interesado en la publicación de una obra suya sobre viajes a la isla de Santo Domingo, lo que logró al año siguiente. Hizo una carrera militar en Francia y en la época de la primera restauración borbónica (1814) ostentaba el título de coronel. Encargado de una misión en el Caribe, incurrió en el desagrado del rey. Al volver Napoleón de Elba, se plegó al Emperador y destituido después de Waterloo se exilió en los Estados Unidos. Allí conoció a Carrera, quien lo trajo consigo a Argentina.

Cuando desembarcó en Buenos Aires estuvo viviendo en casa de los Carrera; pero, poco después, se convirtió en un enemigo acérrimo de José Miguel y su familia, denunciando a este ante Pueyrredón como autor de un plan para escapar burlando a las autoridades. En esta campaña denigratoria, el 24 de abril de 1817, Dauxion-Lavaysse envió a *L'Abeille Americaine*, periódico francés que se publicaba en Filadelfia, una extensa diatriba contra el general chileno. Porter, Skinner e Irvine salieron en defensa del atacado.

Fue incorporado con el grado de coronel en el ejército argentino y en breve ascendió a coronel mayor. A comienzos de 1821 resolvió establecerse en Chile y O'Higgins le confió la tarea de fundar un museo de historia natural; pero su papel no fue el que se esperaba. Más tarde, por decreto de 26 de junio de 1823, Freire le confió la misión de explorar el suelo de Chile y escribir una relación científica y descriptiva del país. Ese mismo año se le nombró miembro de la Academia Chilena en la sección de ciencias

José Bonaparte ha recibido cartas de Austria, cuyo Emperador[78] le ofrece asilo en su país.

Confiesa Jewett que no puede armar el bergantín y se aviene a una especulación mercantil, a la que me provoca Edwards y mañana me visitará su compañero, Mr. [en blanco].

Viernes 26. Ross me da el nombre de Mr. Buckley, quien dice ha hablado con Mr. Bunting, capitán de un buque que ha llegado últimamente

---

físicas y matemáticas. A principios de 1824 salió para las provincias del norte; pero la publicación de sus trabajos reveló, a juicio de Barros Arana, "una superficialidad casi insubstancial".

En relación con estas materias y con algunos ataques a las costumbres de la sociedad chilena, el francés se trenzó en ásperas polémicas que vieron la luz en el periódico *La Década Araucana*. No hay huella de que, con posterioridad a estos episodios, haya hecho otras publicaciones. Continuó viviendo en Chile y frecuentando círculos en que podía hablar de sus viajes o de temas literarios y científicos; entre otros, la casa del general Francisco Antonio Pinto.

A este respecto, Barros Arana ha transmitido las confidencias que acerca de este peculiar personaje le hizo don Andrés Bello:

"Apenas llegado a Santiago, decía el ilustre sabio, mi amigo el general Pinto, a quien había conocido en Europa en 1815, me habló de las pocas personas que en este país se interesaban por la literatura y por las ciencias. Incluía entre ellas a M. Lavaysse, francés de nacimiento que había viajado por Venezuela y que hablaba de este país con entusiasmo. Me agregó que parecía poseer conocimientos muy variados, que conversaba sobre muchas materias con gran soltura y que decía haber viajado mucho. Pocos días después tuve ocasión de conocerlo. Era un hombre gordo hasta la obesidad, maniático extravagante, glotón incontenible, pero ingenioso, de trato ameno y sembrado de chistes, y de una instrucción superficial que hacía servir perfectamente en su conversación. El primer día que hablé con él pude penetrarme de que inventaba la mitad de las noticias que refería como recuerdos de viaje. Así, por ejemplo, me contó que había entrado en España en 1808 con las tropas francesas, cuando del contenido del libro que escribió se veía que entonces se hallaba en América. Después lo sorprendí varias veces en descuidos de esta clase".

Dauxion-Lavaysse falleció poco tiempo después, en 1830.

(La precedente reseña biográfica es, en parte, un extracto de *Don Claudio Gay; su vida y sus obras*, de Barros Arana, cuya edición definitiva se hizo en 1876. Hemos utilizado el texto que se encuentra en el tomo XI de las *Obras Completas de Diego Barros Arana*, Imprenta Cervantes, Santiago, 1911).

Hemos encontrado otras referencias más modernas que contradicen algunas de las precedentes en varios puntos. Según ellas, Dauxion-Lavaysse se habría suicidado en Chile el 8 de julio de 1829 (Jean Georges Kirchheimer, *Voyageurs francophones en Amérique Hispanique au cours du XIXe. siecle*, Bibliothèque Nationale, Paris, 1987).

[78]   Se trata de Francisco I (1768-1835), Emperador de Austria, padre de María Luisa, la segunda mujer de Napoleón.

a Boston, después de haber vendido 2.000 fusiles a los patriotas que están apoderados de casi toda la costa de Chile.

Escribo a Poinsett: Erich no tiene ganas de ir a Baltimore.– Noticia dada por Ross.– Jewett no puede armar el bergantín.– Convite de Edwards.– Recado de José y de Lavaysse.– Deseo que tengo de pasar a Baltimore, si no se vuelve luego.– Montgomery pide las cartas.– Venga luego Mariano.– Buenas noticias de Bolívar.– Contestación de Baltimore a Erich, manifestando estar dispuestos el armamento del buque.– Resultados de la invitación de Edwards.– Jewett enredará al mundo.

Me visita Lavaysse y me parece un hombre franco. Me habla sobre ir a Chile, y me dice de responderme en pocos días, si es que puede verificar su viaje. Para mañana me convida a almorzar con él a las nueve.

Sábado 27. Estuve al almuerzo de la cita y comprendo que el amigo está muy decidido en la marcha.

Jewett me dice que las proposiciones de Smith y Edwards son muy locas y manifiesta deseos de ir a Santo Domingo como mercante.

En la noche, nuevos proyectos y nuevas esperanzas; quedamos citados para hablar mañana con Edwards.

Mr. Mac Lean me ha introducido a Mr. [en blanco].

Domingo 28. Hago nuevas proposiciones a Edwards y, aunque parece inclinado a acceder, veo nuevos inconvenientes.

Jewett quiere suponer un valor superior en el buque, para tomar una cuarta parte, y ya empieza a disponer en la elección de oficiales. ¡Pobre de mí en tales manos!

He visitado al doctor Mier y visto al afamado Mina[79].

---

[79]   Francisco Javier Mina nació en la Alta Navarra en 1789. Convertido en jefe de guerrilleros a raíz de la ocupación francesa, fue hecho prisionero y pasó cuatro años de prisión en Vincennes (Francia). La caída de Napoleón le permitió regresar a su patria.

Desilusionado por la conducta política de Fernando VII pasó a la oposición y se unió a su tío, el renombrado general Espoz y Mina en el intento de apoderarse de Pamplona. El proyecto fracasó y Mina pasó a Francia y posteriormente a Inglaterra donde puso en marcha un plan para librar a México.

El primero, con quien he hablado por dos horas, lo creo muy bueno para nada a excepción de sus escritos. Es presumido, no tiene buenas maneras, es hablador. Ya publica la completa protección de este gobierno; que Mina será general y que él será en el gobierno; que ambos son mandados por el partido de la oposición de Londres; que el gobernador de Nueva York ya les tendrá oficiales reunidos para pasar a México, etc., etc., etc. Sartal completo de desatinos.

Dice que Irisarri[80] ha perdido su dinero en el Brasil y que se emplea en escribir la historia de la revolución chilena; que Rivadavia ha pasado a España con proposiciones a Fernando. Con-

---

Con armas y equipo para montar un ejército, se dio a la vela con una quincena de oficiales de diversas nacionalidades. Desembarcó en los Estados Unidos en junio de 1816 y Carrera lo conoció un mes más tarde.

Como podrá verse, el *Diario...* se refiere en diversas oportunidades a los proyectos de Mina que, a juicio de Carrera, interferían con sus planes. El español llegó a intentar la invasión de México desde los Estados Unidos; pero, después de algunos éxitos iniciales, fue derrotado en el fuerte Sombrero el 10 de octubre de 1817. Sorprendido dos semanas más tarde, fue conducido a ciudad de México donde fue juzgado y condenado a muerte. Lo fusilaron el 11 de noviembre de 1817.

[80] La personalidad del guatemalteco Antonio José de Irisarri es ampliamente conocida y solo haremos una breve reseña biográfica.

Nació en Santiago de los Caballeros, Guatemala, el 7 de febrero de 1786; vino a Chile ya adulto. Fue regidor del Cabildo de Santiago e, interinamente, Director Supremo de Chile, en 1814, mientras asumía Francisco de la Lastra. Designado gobernador-intendente de la provincia de Santiago, emitió el 21 de mayo de 1814 un bando en que se conminaba a la detención de José Miguel y Luis Carrera. Después del golpe dado por Carrera el 23 de julio de ese año fue apresado y deportado a Mendoza.

Con posterioridad al desastre de Rancagua viajó a Europa y se hallaba en Francia en febrero de 1816. Tres meses después, ya en Inglaterra, solicitaba ayuda económica a Lord Castlereagh, Ministro británico de Relaciones Exteriores, explicándole que había perdido tres mil libras de su peculio, que había entregado en Río de Janeiro al comerciante inglés Mr. Thressen (esta es, seguramente, la información a la cual se refiere Carrera al aludir a la pérdida experimentada por Irisarri en Brasil).

Irisarri volvió a Chile en 1818 y O'Higgins le encargó el manejo de los asuntos exteriores, nombrándolo Ministro del ramo. Poco después recibió la designación de Enviado diplomático en Londres, donde, entre otras tareas, negoció un empréstito en favor del Gobierno de Chile por la suma de cinco millones de pesos. Alejado de sus funciones diplomáticas, en circunstancias que no es del caso relatar aquí, solo volvió a Chile en 1830.

ducta indecente de los diputados de Buenos Aires que no quisieron darle una limosna.

Lunes 29. Me visita Mier, habla por veinte. Incita a Skupieski para que, dejando el viaje a Buenos Aires, se vayan con Mina, él y sus oficiales, a México, para donde saldrá la expedición en tres semanas.

Comen conmigo el general Lavaysse e Irvine. Hablamos y nos reímos de la expedición minesca.

El comodoro Lewis me visita, me dice de presentar a Livingston P. y yo me ofrezco a verlo antes. Hablando de Mina, me asegura que es positiva su expedición a México y muy protegida; que será de tanto bulto como la de Miranda.

Llega Taylor y me informa de que Mina ha traído un buque de 400 toneladas armado con 22 cañones y lleno de pertrechos militares, oficiales, etc. Me mostró papeletas que Mina le había dado para reclutar oficiales y remitirlos hasta Baltimore, en donde se reunirán doscientos; además, cabos, sargentos. Que el comercio de Baltimore ha dado 100.000 pesos en el momento, para proteger la empresa.

Pierdo las esperanzas de que pueda servir Edwards.

Martes 30. Visito a Mier y me presenta a Mina, quien parece un hombre regular. Vi allí como sus secretarios a los españoles.

Mier viene a casa en busca de Gravier, con recado de Mina. Va y resulta que, a pesar de conocer Mina que está comprometido para ir conmigo, le incita para pasar a México, diciéndole que él ha sido llamado por el presidente Madison, a cuya misión solamente fue a Inglaterra el general Scott, etc., etc. Ultimamente le convida a una sesión esta noche a presencia de dicho Scott.

Después de una actuación en el conflicto con la Confederación perú-boliviana que fue duramente juzgada en Chile, pasó sucesivamente a Ecuador, Colombia y Venezuela. Terminó estableciéndose en Nueva York donde cumplió funciones diplomáticas que le confiaron Guatemala y El Salvador. Murió en Brooklyn el 10 de junio de 1868.

(La vida de este notable personaje hispanoamericano se encuentra brillantemente narrada por Ricardo Donoso en *Antonio José de Irisarri, escritor y diplomático*. La segunda edición de esta obra, que hemos consultado, apareció en Santiago en 1966).

Escribo a Mr. Poinsett, informándole de cuanto sé de Mina y pidiéndole me escriba. Le doy la noticia de los progresos de Brown en el Pacífico.

Miércoles 31. Escribo a Poinsett, dándole más noticias de Mina y provocándolo a algún auxilio. Repito la noticia del Pacífico. Digo la visita de Livingston P. y que, después de comida y doce vasitos, nada espero hasta la cobranza de los 100.000 pesos.

Contesto al coronel Roul [¿Rosel?] a Baltimore su carta del 28.

Me paga Mina la visita.

Jueves 1º de Agosto. Me informa Valle de los proyectos de Mina y de la sesión de éste con el general Scott.

Repite Mina una gran visita.

Viernes 2. Poinsett me convida a Philadelphia.

Nueva sesión con Mina.

Paseo en la Batería.

Lavaysse me dice está decidido a marchar conmigo.

Llega buque de Francia con muchos pasajeros, particularmente oficiales franceses.

Novoa es encargado para buscar algunos útiles para Chile.

Sábado 3. Salgo para Philadelphia en compañía de Mr. Valle. Llegamos a las nueve de la noche.

Hablo con Poinsett; cada día más frío. Me convida al almuerzo de mañana.

Domingo 4. Conozco en casa de Poinsett a Grouchy[81] y a Crouzel[82]. Grande oferta. El primero me da cartas de recomendación para

---

[81]   Emmanuel, marqués de Grouchy, mariscal de Francia. Nació cerca de París el 23 de octubre de 1766. General a los veintiséis años de edad, fue un brillante soldado en las campañas de la Revolución Francesa y del Imperio que la siguió. Fiel a Napoleón, estuvo junto a él después de su regreso de la isla de Elba; fue el último mariscal designado por el Emperador. Se ha censurado, tal vez injustamente, la forma en que se desempeñó en la batalla de Waterloo. Con posterioridad a ella, fue a buscar asilo en los Estados Unidos, donde vivió hasta que una ordenanza real francesa puso término a su exilio, a fines de 1821.

La revolución de 1830 lo reintegró al mariscalato y en 1832 fue llamado a formar parte de la Cámara de los Pares. Falleció en Saint-Etienne (Francia) el 29 de mayo de 1847.

[82]   Carrera anotó erróneamente el nombre; ha predominado Clauzel, si bien se ha escrito asimismo Claussel.

Bertrand Clauzel nació en Mirepoix, Ariège, el 12 de septiembre de 1772. Enrolado en la guardia nacional a los diecisiete años de edad hizo una brillante carrera militar y llegó al grado de general de brigada diez años después. Ascendido a general de división en

Mercier y [en blanco]; y Poinsett, para Oliver y para [en blanco], todos comerciantes de Baltimore. El objeto es armar la chiquita expedición.

Lunes 5. Después de encargar a Valle de buscar, por el influjo de José Bonaparte, los medios para armar un chiquito buque, salgo para Baltimore con Jewett.

Gran conversación en el camino con el mariscal Grouchy, nuevas ofertas de amistad, explanación de sus intenciones, traída de sus dos hijos: [espacio en blanco]. El primero, coronel de caballería y el segundo, capitán.

Desea que el coronel sea mariscal de campo y el segundo, comandante de escuadrón en Buenos Aires o Chile.

Martes 6. Llegamos a Baltimore.

Veo a Didier, quien me presenta a Mercier. Entrego a éste la carta de Grouchy; grandes esperanzas.

Nombres de los diez comprometidos en la especulación con Mina: Henry Didier, Williams, Smith, Mercier, [espacio en blanco].

Tratan de poner la mitad de la expedición de Mina en mis manos.

Didier me asegura que de todos modos me servirá. Mañana comeré con él.

Miércoles 7. Como con Didier, Williams, Mercier y Jewett.

Conozco que la tal compañía y particularmente Mercier me tratan más que de jugar. Didier se manifiesta empeñadísimo. A

1802, actuó en Holanda, Italia y España. Designado barón del Imperio en 1810 estuvo en la campaña de Portugal. En la Restauración, Luis XVIII le dio el título de conde. Al retorno de Napoleón de Elba, se une al Emperador. Cuando el Rey vuelve a ocupar el trono, Clauzel se exilia en los Estados Unidos y es condenado a muerte en rebeldía.

En esta época Carrera estuvo en contacto con él e intercambió correspondencia, habiéndose conservado unas pocas cartas de Clauzel. Hasta fines de 1816 Carrera abrigó la esperanza de que este distinguido militar se uniera a su expedición.

Clauzel fue amnistiado en 1820 y dejó los Estados Unidos. Algunos años más tarde volvió al Ejército y recibió el grado de Mariscal en 1831.

Falleció en Secorrieu, comuna de Cintegabelle, el 21 de abril de 1842.

AARON BURR.

JOHN JACOB ASTOR.

éste le pido que, en último caso, me proporcione un chiquito buque para irme, y me lo ofrece.

Mañana dicen los de la compañía que me contestarán.

Jueves 8. Todo es nada, nada hacen.

Jewett se marcha rabiando a Philadelphia.

Visito en la noche a Didier y me ofrece proporcionarme el buquecito y que pondrá algunas armas, etc. Al mismo tiempo, me pide entremos en contrata para todo el armamento que necesite Chile, etc., etc.

Viernes 9. Se me hace esperar hasta mañana porque dicen quieren entrar en grande especulación. Mr. [en blanco] es el garante de la obra por el mucho dinero. Mañana a la nueve veremos el resultado.

En la tarde voy con Mr. Didier a ver al capitán de la *Melantho*. Dice éste que los 5.000 pesos fueron tomados por el comisario inglés y que mañana me dará la protesta; su semblante le acusa.

Sábado 10. Concluye la cosa con nada. Mr. [en blanco] es un grosero hombre. *Téngase presente.* Didier concluye diciéndome, por su honor, que contratará conmigo para remitir un cargamento en 1° de noviembre; que el buque me recibirá a su bordo en Montevideo y doblará el Cabo.

Salgo para Philadelphia a las cinco de la tarde.

He conocido al general Labatut[83], nombrado tal por los emigrados de Cartagena, enemigos de Bolívar. Tiene malísimo aspecto y los informes contra él son terribles.

Domingo 11. Encuentro a Grouchy en Wilmington.

Nuevas ofertas por Dupont de una fragata.

En Philadelphia me dice Valle sus esperanzas de conseguir lo que deseo. Bonaparte, dice, me protege.

---

[83] En carta de Carrera al canónigo Cortés de Madariaga hemos encontrado la siguiente frase: *"El señor Labatut que mandó en Santa Marta se pasea en Baltimore con aire de general en jefe nombrado en Puerto Príncipe por los emigrados de Cartagena. No ha traído medio real y parece que vuelve a las antiguas"* (Carta iniciada en Nueva York a 14 de julio de 1816, con adiciones posteriores. En "copiador").

Lunes 12. Voy a comer con Poinsett a casa de su muy amigo Mr.[sigue espacio en blanco].

Martes 13. Según dice Grouchy, puede disponerse mi expedición por Giralt, etc. Encarga silencio; yo nada creo.

Salió Valle para Nueva York en busca de 20.000 pesos. Lleva mi respuesta a las cartas de Skupieski y Strong: las primeras, fechas del 5 y 10; la segunda, del 3.

Deseo servir a Strong y sobre el particular encargo a Valle. Hablará con el oficial Mr. [en blanco] sobre la patente que está pronta. Solicitará tomar de los 6.000 fusiles llegados a la casa de Harriot V. [en blanco] y Compañía.

Conozco al general Lino de Clemente, concuñado de Bolívar[84]; parece buen hombre.

Gual me presentó a [en blanco].

Antes de ayer llegó de Inglaterra y ayer pasó a Baltimore [en blanco], oficial de Mina en Navarra, con pliegos para él. Dicen que hace poco escapó de Madrid en compañía de Renovales.

Llega el general Toledo[85].

---

[84] Lino de Clemente fue un general y patricio venezolano de la época de la independencia.

Nació en Caracas en 1767. Hijo del coronel español Manuel Clemente, quien a los siete años lo mandó a educarse en la metrópoli. Ingresó a la Marina española diez años más tarde, como guardiamarina, retirándose del servicio con el grado de teniente de fragata en mayo de 1800.

Regresó a Caracas donde se estableció llegando a ser síndico y procurador general del Cabildo. Fue uno de los diputados que proclamaron la independencia de Venezuela (5 de julio de 1811). En las batallas de la emancipación llegó al grado de general de brigada y fue Ministro de Marina en 1826.

Lino de Clemente era cuñado de Bolívar, habiéndose casado con una hermana de este.

[85] José Álvarez de Toledo; Carrera lo menciona generalmente como Toledo.

Por una comunicación consular francesa, de 10 de diciembre de 1816, sabemos que Álvarez de Toledo, nacido en La Habana, había sido teniente en la Marina Real española y, nombrado Diputado a las Cortes, había viajado a España. Allí habría concebido el propósito de venir a América para comprometerse en la causa revolucionaria, pasando a los Estados Unidos alrededor de 1810 (Nota del Cónsul francés en Filadelfia, Pétry, al duque de Richelieu, Ministro de Relaciones Exteriores de Francia. Archivo diplomático del Quai d'Orsay).

Miércoles 14. El general Clemente me da una papeleta de los grandes progresos de Bolívar. Aun quieren sus émulos Gual, Revenga, etc., decir que es falso.

Jueves 15. Grouchy y Poinsett visitan a Girald[86] y otro comerciante para conseguir habilitarme con corta expedición. Pocas esperanzas.
Llega Thompson. Buenas noticias de Buenos Aires.

Viernes 16. Contestan a Grouchy los comerciantes; menos esperanzas.
Llega Mina; se hace por mí la tentativa de llevarlo al Pacífico y nada; lo mismo le propuso Grouchy.
Sesión entre Grouchy, Clauzel y yo sobre su destino en América. Conduciré sus proporciones a Buenos Aires. Ofrezco hacer cuanto esté en mi poder.
Lance de Mr. [en blanco] cuando se degollaba. Carta que se le encontró y pegué los pedacitos.

Con el nombre de Toledo, este personaje aparece mencionado muy a menudo en el *Diario…* Por otra parte, en el *Archivo Vicuña Mackenna* se conserva una media docena de cartas que escribió a Carrera entre agosto y noviembre de 1816.

Podrán verse al final de estas notas expresiones de Carrera tales como "el traidor Toledo" y "la traición de Toledo", que se encontraban en este *Diario…* en hojas que han desaparecido. Estos juicios se deben a que Carrera logró interceptar correspondencia del Ministro español en los Estados Unidos, don Luis de Onís, y descubrió que su amigo y confidente, Toledo, había comunicado a su padre, don Luis Álvarez de Toledo, el arrepentimiento que sentía por su conducta política y el deseo de obtener el perdón del Rey de España.

Esta correspondencia interceptada se publicó en la prensa de los Estados Unidos y Toledo resolvió abandonar ese país y viajar a España vía Burdeos. Con el ánimo de protegerlo, el Ministro de Onís solicitó al Cónsul francés en Filadelfia, por diciembre. de 1816, que otorgara a Toledo un pasaporte bajo el nombre de François Rouquier, petición a la cual el Cónsul accedió. Para justificar tal petición, el Ministro español le hizo saber *"el peligro que corría el sr. Toledo de ser asesinado por los hombres del partido que él abandonaba, a causa de su talento, del conocimiento que tenía de sus proyectos y por la venganza que querían dar a lo que llaman traición".* (Nuestra traducción de nota cifrada Nº 10, fechada en Filadelfia a 19 de diciembre de 1816, del Cónsul Pétry a la Cancillería francesa. Archivo Diplomático del Quai d'Orsay).

[86] Probablemente Carrera se refiere a Stephen Girard (1750-1831) reputado comerciante de Filadelfia. (En la Girard College Library de esa ciudad se conserva el archivo de este Girard bajo la denominación de *Girard Papers.* Lamentablemente no hemos podido explorar su contenido).

En la noche conocí, por una cortita sesión de Mina, su ambición. Recibo cartas de Lavaysse y de Gravier que contesto.

Bellina me recomienda a [en blanco].

Dos contratos de Thompson con Grouchy y Clauzel.

Sábado 17. Mr. [en blanco], después de una corta sesión, sale ofreciendo hasta 10.000 pesos; pero Poinsett lo oye con frialdad y dice que nada hará. Este hombre es otro, otro.

Domingo 18. Grouchy me presenta a los franceses Messrs. Jacquelin y Durand, encargados de Mr. La Pierre, negociante de París, para contratar armamento con los insurgentes.

Mina les había dado una nota y Durand estaba decidido a marchar con él, pero ya se vienen a mi lado. Durand marchará conmigo y Jacquelin saldrá inmediatamente para Francia para conducir la contrata que esperamos celebrar.

Murió Mr. [en blanco], el que se cortó el pescuezo.

Lunes 19. Aún no se concluye la contrata, pero es hecha. Los precios son terribles, mas es mejor sacrificar dinero que libertad. Poinsett es de parecer que pase por todo.

Estando sin un real para pagar la posada de Benavente y la mía, pido 100 pesos a Poinsett; me los remite con una cartita.

Recibo carta de Gravier. Da por conseguidos los 20.000 pesos y tiene esperanzas de 6.000 fusiles llegados de Antwerp. Me da pruebas de su interés por la empresa y de su ingenuidad. Le he contestado.

Martes 20. Es firmada la contrata por duplicado con Mr. Jacquelin y Durand. Lleva carta para Mr. La Pierre, Mr. [en blanco]; una clave para entenderse conmigo cuando llegue a las costas de Chile; una carta de instrucciones; y cartas[87].

De todo queda copia…,

---

[87]   En el "copiador" se halla una transcripción del acuerdo y de las aludidas instrucciones, que estaban concebidos en los siguientes términos:

Convenio celebrado por José Miguel de Carrera, comisionado del gobierno de Chile (con amplias facultades para proporcionar a aquel país todos los auxilios que necesita para su defensa) con los señores Jacquelin y Durand en representación del Sr. Lapierre comerciante de Paris.

Art. 1º.– El señor Lapierre dentro del término de dos meses después de recibir esta contrata embarcará y remitirá a uno de los puertos de Chile protegidos u ocupados por las tropas de los liberales el armamento y pertrechos de guerra que a continuación se expresan:

Tres mil fusiles con bayonetas nuevos de los hechos con destino a la Guardia Imperial

Tres mil fornituras compuestas de cartuchera, porta-cartuchera, porta-bayoneta, vaina de bayoneta y agujas con brochas para limpiar el oído del fusil

Mil tercerolas para el servicio de los húsares

Mil fornituras para dichas tercerolas

Mil sables con vaina de acero y completo correaje para el servicio de los húsares

Mil pares de pistolas de caballería

Cuatro piezas de artillería volante de bronce, del calibre de a cuatro, con cureñas, avantrenes, tiros, cajas de municiones, &

Dos obuses de bronce, de seis pulgadas, dispuestos de la misma manera que los cañones. Al desembarcarlos, deben empezar a servir, así es que vendrán de manera que no sea necesario más que poner los caballos

Dos mil balas para los cañones y mil tiros de metralla

Cien clarines para la caballería

Música completa para tres regimientos de infantería

Una imprenta con seis prensas, abundante letra de todos caracteres y en todo de la mejor calidad.

2º El Gobierno de Chile pagará en oro, plata, cobre, todo el expresado cargamento a los precios siguientes: los fusiles con bayoneta, en veinte y cuatro pesos fuertes cada uno; las fornituras en cinco pesos cada una: las tercerolas, en veinte pesos cada una; las fornituras para éstas, en seis pesos cada una; las pistolas, en ocho pesos el par.

Todos los demás renglones incluidos en la lista y cuyos precios no van señalados, serán pagados con el beneficio de un cincuenta por ciento sobre su principal costo, flete y demás gastos que ocasionen hasta su destino.

3º La calidad de dicho cargamento será completamente igual al que usan las tropas francesas, en la inteligencia que siendo inferior se convendrá entre el gobierno de Chile y los dueños sobre la rebaja de precio a proporción del demérito. Las armas de fuego y blancas sufrirán la prueba de la Ordenanza francesa antes de ser recibidas.

4º Saldrá el buque que conduce el armamento de uno de los puertos de Francia en derechura al puerto de Maldonado, en las costas de las Provincias Unidas de la Rivera de la Plata para recibir allí las órdenes e instrucciones que aseguren el feliz arribo a los puertos de Chile. Sobre todo se observarán las instrucciones que acompañan a esta contrata.

Se espera de ambas partes el más exacto cumplimiento en cuanto comprende este convenio. El gobierno chileno ofrece toda su protección y acordará otros beneficios a los que provean el país con oportunidad del armamento necesario para su defensa.

Firmado en Philadelphia a 20 de agosto de 1816.

José Miguel de Carrera = Jacquelin & Durand

Instrucciones

Como en el Río de la Plata hay fragatas de guerra americanas e inglesas destinadas a la protección de su respectivo comercio, comprendo que será más ventajoso a la Seguridad del buque que conduce el armamento tomar uno de los dos pabellones. Los gobiernos de los insurgentes suelen verse necesitados de armamento y regularmente el buque que arriba con este artículo a sus puertos es obligado a venderlo a los precios de plaza. Por esta razón, no deberá entrar en los de las Provincias Unidas que estén fortificados, a no preceder las precauciones imaginables. Podrán efectuarlo en el de Maldonado para recibir allí los avisos que sean importantes a ambas partes. Si algún accidente hace que no encuentren en aquel puerto noticia suficiente, escribirán a Buenos Aires a los señores Orr, ciertos de que la contestación contendrá los necesarios informes. Sucediendo que los puertos de las Provincias Unidas estén bloqueados, el buque debe dirigirse al Cabo de Hornos y buscar la Escuadrilla patriota en el Pacífico, para ser protegido y convoyado hasta el puerto del desembarco. Cuando no la encontrare hallará ciertamente los buques de guerra ingleses y americanos.

A pesar de que estén bloqueadas las costas de las Provincias Unidas, si permaneciesen en la Rivera de la Plata los buques de guerra ingleses o americanos, habiendo absoluta necesidad de entrar en aquel Río, se podrá hacer sin peligro de ser incomodados por los enemigos. Tres años pasados, cuando los españoles ocupaban a Montevideo y guardaban la boca de la Rivera de la Plata con doce buques de guerra, los ingleses mercantes entraban a Buenos Aires y salían sin experimentar la menor extorsión. No queriendo entrar a los puertos bloqueados para tomar agua y algunas provisiones, podrán ir a San José en la costa de Patagones o a Malvinas.

En el Pacífico para tomar víveres son a propósito los puertos no fortificados de Chiloé, la Imperial perteneciente a los indios araucanos, Isla de Santa María, Coliumo, boca de Itata, boca de Maule, algunos puertecitos entre éste y el de San Antonio, Quintero, Ligua, Guasco, Copiapó.

Según las últimas noticias, Chiloé, Juan Fernández, Coquimbo y los puertos chilenos al norte de éste estaban en poder de los patriotas.

Acompaño cartas para el comandante de la Escuadra, para Venancio Coigüepan, capitán general de los indios araucanos y una general para cualesquiera [sic] punto de la costa de Chile en donde existan los liberales. Aunque Venancio es muy mi amigo, debe observarse gran cautela con él por lo que podrían hacer sus compañeros. Los indios son infieles siempre o las más veces.

Conviene que el buque vaya regularmente armado para ponerse a cubierto de los piratas y para acercarse a los puertos sin peligro. Su primera calidad sea la de muy velero.

Es de primera necesidad y espero del señor Jacquelin que luego que se determine la salida del cargamento lo avise por cartas dirigidas a Buenos Aires con este sobre: José Miguel de Carrera, ausente, Luis de Carrera. Se le pondrá un segundo sobre Messrs. Orr, Buenos Aires. Otra carta escribirá al mismo objeto a los Estados Unidos: Joel Roberts Poinsett, Esquire to the care of John Jacob Astor Esquire, New York.

Para evitar que se impongan de nuestras correspondencias, cuando llegue el buque a las costas de Chile, el señor Jacquelin se servirá escribir todo lo que exija reserva por la clave que acompaño.

Philadelphia, 20 de agosto de 1816.

José Miguel de Carrera.

Miércoles 21. Toledo me dice que Mr. Smith le promete que o no irá la expedición, o que se la dará a él. ¡Pobre Mina! Su ambición lo condena.

He escrito al señor Cortés, incluyéndole dos oficios, dos instrucciones y dos claves para que dé a los jefes militares, o a los gobiernos de Caracas y Santa Fe de Bogotá para entablar nuestra correspondencia. Esta carta y la anterior se las he entregado al general Lino de Clemente, quien me ofrece remitirlas con toda seguridad.

Bellina llega tras Thompson.

Me visita Mr. Waters y, después de una larga conferencia, me da su palabra de honor de mandar conmigo, si tengo buque bueno, a Chile, 2.000 o 1.400 fusiles, para que un comisionado que irá con ellos reciba 24 pesos por cada uno, pagando él el flete.

Visité al mariscal Grouchy y manda llamar a Mr. D. Smith, del comercio de Baltimore, para hablar sobre mi expedición.

El general Toledo me ha presentado a Mr. Stewart, uno de los de la compañía para la expedición de Mina.

Jueves 22. Ha partido el general Toledo para New York.

Llega Mr. Lavaysse.

Recibo carta de Gravier por él y por el correo. Me llama con instancia y me dice que fusiles y 20.000 pesos cree que conseguirá; pero que hasta el día sólo ha dispuesto los ánimos.

En la noche, he ido a ver al coronel Duane a quien he hablado de un buque para conducir fusiles, oficiales, etc. Lo cree muy fácil y piensa que él lo conseguirá.

Bandera de señal: blanco, azul y amarillo con las letras L. y C. en lo blanco. Si se responde con bandera blanca, el puerto es de amigos.

Si encontrare con la Escuadrilla patriota, pondrá ésta en el palo mayor la misma bandera blanca, azul y amarilla antes de que el buque haga señal alguna; pero contestará con la misma.

A B *C D E F G H I J K L Ll M N Ñ O P Q R S T U V X Y Z*

N O P 9 R S T u X 7 Z A AA B C C̃ D E F G 2 H 8 4 L M Q

Messrs. Jacquelin & Durand.

Viernes 23. Nada contesta Duane.

El mariscal Grouchy y Clauzel me dan muchas esperanzas de un buque de 300 toneladas y de diez o doce mil libras de pólvora que podrá darme Dupont[88], para quien escribirán una carta de recomendación.

Tan pobre estoy que Jordán me da dieciocho pesos.

Poinsett manifiesta más cariño e interés por saber lo que me ofrece Duane. Le he dicho a Grouchy los malos informes que tengo de Lavaysse.

Sábado 24. Casualmente retardo mi viaje a New York.

Cierro un duplicado de cartas y oficios para don José Cortés Madariaga y le escribo diciéndole que, si son ciertas las noticias de Bolívar a quien se asegura lo han derrotado los españoles, pase al Pacífico, etc.

Cierro también cartas para Luis.

Recibo cartas de Griswold, Monson y Gravier.

Doy una de recomendación al mayor Humphreys para Toledo, después de decirle a él y a Mc.Gowan mi opinión sobre la expedición de Mina.

A Mc.Gowan le di ayer recomendación para el comodoro Porter y para Luis, con un oficio de Martín Thompson para el Director y carta para Mariquita[89].

D. Smith, por el influjo de Grouchy, hace ofertas que llenan mi gusto; por esta razón se queda el viaje de Nueva York y mañana saldré para Baltimore.

He escrito a Griswold, Cooper, Gravier, Monson, Bellina y al coronel Forbes, acompañándole un paquete de cartas, duplicado de las que remití a mi tío por mano de Lino Clemente. Le digo que, si no está en Kingston, me las devuelvan o sigan su destino con seguridad pues que son muy interesantes.

---

[88]   Creemos que se refiere a Victor Marie Du Pont (1° de agosto de 1767–30 de enero de 1827). Este, alrededor de 1809, se estableció en la fábrica de pólvora que su hermano Irénée había montado en el río Brandywine cerca de Wilmington, Delaware.
[89]   Una carta de Carrera a su hermano Luis, que parcialmente hemos transcrito en una nota precedente, confirma que Mariquita era la mujer de Thompson.

Domingo 25. Cierro la correspondencia para Luis, que consta de la nota que conservo en el libro.

Dos cartas de Thompson, una de Miller y otra de De Forest van en otro paquete rotulado al último.

Mi viaje a Baltimore ha sido detenido esta mañana, por haberse quedado Poinsett en la campaña.

El general Lavaysse se ha marchado y lleva las cartas para Nueva York, menos la de Bellina, porque espero incluirle una de Poinsett para Astor.

Se me presenta el capitán Broom quien me informa de la mala calidad de oficiales que ha tomado Mina y de que fue invitado por éste a la expedición. Me ofrece poner listos 4 cañones en seis días y pagarlos de su bolsillo.

Lunes 26. Es introducido Dupont por Grouchy. Parece buen hombre; me espera en su casa, a mi vuelta de Baltimore, para ver la fábrica de pólvora en Wilmington.

Poinsett no vuelve del campo y me dice Mrs. Ran Shaw [¿por Ranshaw?] que mañana se va a Pennsylvania. ¡Experiencia, experiencia!

Salgo para Baltimore. Jordán me presta 40 pesos porque no tenía más que 16. Me acompaña Broom al *steamboat* y quedo de escribirle el martes para la compra de los 4 cañones.

En el camino conozco a Mr. [en blanco] quien dice ha descubierto la dirección de los globos y que espera la patente de Washington para empezar uno. *¡Cuento!*

Martes 27. Llego a Baltimore a las seis de la mañana.

Encuentro saliendo la fragata de Mina nombrada la *Caledonia*; va con oficiales para Santo Domingo.

Doy la carta de Grouchy a Smith. Dice que Mina no accede a la empresa del Pacífico; me da esperanzas de auxiliarme y me cita para mañana a las nueve.

Bohen me informa de mi familia, que vio en primeros de abril antes de su salida. Me trajo una carta que dice echó al correo y no parece.

Convido a Taylor para que vamos al Pacífico si toma la *Rump*, y no quiere.

Miércoles 28. Escribo al general Grouchy suplicándole venga a auxiliarme en mis pretensiones.

Smith me citó para las cuatro de la tarde y, aunque opinaba mal de su respuesta, ha sido decisiva y favorable. En todos casos me auxiliará con lo que deseo.

Dejo escrita a Smith una carta para darle idea de cuanto quiero llevar, para comprometerlo y excitarlo más y para darle las gracias.

Escribo otra carta a Grouchy, llamándolo nuevamente. Otra al capitán Broom para que vaya disponiendo la artillería y los hombres que le encargué en Philadelphia el veintiséis: cuatro sargentos y treinta y dos soldados artilleros.

Jueves 29. Salí para Washington en compañía de Gual quien, en el camino, me descubrió en su conversación la injusticia con que es enemigo de Bolívar.

Contradicciones continuas. *Ley sobre el juego de naipes en el Congreso de Cartagena contravenida en la noche por los mismos que la firmaron en la mañana.*

Gual me hizo conocer al doctor Throroun.

Porter, a quien busqué, está a sesenta millas de aquí, en Pasco.

Viernes 30. Vuelvo a Baltimore.

Taylor arrestado por los asuntos de la *Rump*: 5.000 pesos de fianza.

El Dr. Mier habla fuertemente contra Toledo, por quien dicen les han minorado los comerciantes la mitad de la expedición.

Sábado 31. Noticia de haber tomado Brown, cerca de Lima, la fragata *Consecuencia*, de Cádiz. Apodaca en la *Diana* salió para Veracruz escoltando 700 soldados en siete transportes. Descontento de los habaneros con el nuevo gobernador. Fernando manda escuadrilla contra los argelinos. Un bergantín español con 270 barriles de pólvora salido de Philadelphia para Habana tomado por los corsarios.

Escribo a Poinsett, Jordán y Gravier.

Mr. Didier me dice no tenga mucha confianza en las promesas de Smith porque es muy variable. Me ofrece que, si Smith no hace nada, él solo me promete hacer la expedición que deseo.

En la tarde, Mr. Smith asegura de nuevo a Bohen que la expedición la hará como ha prometido; queda citado para el lunes y yo he ofrecido ir este día.

Insolente conversación de Bohen [¿por Boughan?], quien me ha presentado en casa de su hermano Mr. [espacio en blanco].

Mrs. Deborah Randall me lleva a casa de Miss Juana [en blanco].

Comí con Dobbin, Randall.

[Septiembre]

Domingo 1º de Septiembre. Escribo a Poinsett pidiéndole cartas de recomendación para Taylor a Monroe y Porter, para ver cómo libran
del compromiso de la *Rump*. Fue despachado este buque por Taylor, como ciudadano de estos Estados y hoy se presenta a su
defensa como oficial al servicio de Buenos Aires y comisionado
de aquel gobierno. El viernes lo llevaban a la cárcel y se libró por
el momento, dando 5.000 pesos de fianza. Espera visitar el tal
palacio el miércoles o jueves y, quizá, quizá, por un año.

Escribo a Luis y a Mercedes, incluyendo a Forbes la carta
para que la remita. Va al cuidado de David C. De Forest.

Llega el general Toledo.

Conversación escandalosa de Mier. Es un niño el tal doctor y
el más a propósito para fomentar una guerra civil.

Lunes 2. Las gacetas anuncian que la fragata *Boston* (Capitán Clasby) ha
arribado a New Bedford en ochenta y ocho días de la costa del
Perú. Inmediatamente he escrito a Gravier y al coronel Forbes
para que escriban, por sí o sus amigos, a fin de que el capitán o
los consignatarios –los señores Seth, Russell e hijos– contesten
y satisfagan a las preguntas que hago sobre el actual estado de
Chile y Lima, como de Brown, etc.

Recibo carta de Bellina, desde New York, quien se queja de
que yo no le haya descubierto los motivos que entorpecían mi
viaje a Chile; que vaya luego y que me mostrará un camino que
no puedo encontrar aquí. He contestado políticamente su carta y
resuelvo irme pasado mañana.

He visto a Mr. Smith y me promete que saldrá la expedición
de la goleta con lo que reza la nota chiquita que le remití el 28
de agosto. Me dice que puedo mandar aquí mis amigos para que
se embarquen y que me permitirá embarcar en la goleta los 2.000
fusiles de Massachusetts.

Mr. Didier me ofrece, por su honor, que mandará conmigo el bergantín con armamento, etc.

Mañana quedaré completamente acordado con Smith y Didier.

Martes 3. Mr. Smith dice que no encuentra buque para comprar y que, si yo hallo alguno, comprará para cumplir la palabra dada a Grouchy.

Mr. Boughan se ha portado cochinamente en la conversaciqn y hasta se ha tragado la mitad de lo que debía interpretar, obligándome a explicarme con mi mal inglés.

Veo en la noche a Mr. Didier quien, en compañía de Mr. Caseaux, me ha hecho la oferta de tomar parte en el buque de Smith para obligarlo más, porque se muestra muy frío.

Mañana será mi intérprete Caseaux quien, después de habérseme presentado con verbal recomendación del mariscal Grouchy, ha manifestado un vivo interés en mis negocios. Él dirá a Mr. Smith que, si apronta el buque de guerra, le dará la mitad del interés en el *Savage*, Mr. Didier.

Miércoles 4. Con Caseaux he vuelto a ver a Smith diciéndole que el bergantín *Paz*, alias *Argus*, está a venta. Responde con frío que lo verá.

A la una volvimos y dice está resuelto a comprarlo gastando 15.000 pesos.

Mañana a las diez irá a casa de Didier para cerrar la contrata.

Jueves 5. Después de muchos pasos y conversación, se decide el armamento del bergantín *Paz* y el del *Savage*.

Douglas, dueño de *Paz*, pide posteriormente 18.000 pesos por su destruido buque, que apenas vale 4.000. Se determina por esto comprar la fragata *Clifton* y se verifica en 16.000 pesos.

En la tarde, acompañado de Thompson, Caseaux y Didier, veo la fragata. Es regular la mande Mr. [en blanco].

Salgo en el momento para Philadelphia con Mr. Caseaux. Antes, tomé 100 pesos de Boughan y los libré contra Smith, que tenía orden de Poinsett para entregármelos.

Poinsett más y más indiferente e indolente. No es mi amigo.

Viernes 6. Llegamos a Philadelphia.

Caseaux sigue a New York y me quedo por algunos asuntos.

En la noche, se me presenta solo Mr. Henry W. Kennedy[90], teniente de la tropa de marina en los Estados Unidos, solicitando marchar conmigo a Chile, y me habla para lo mismo por el teniente J. A. Bond[91]. Me convida para ir mañana a ver los fusiles de repetición.

Sobre su admisión quedo en responderle el martes.

Sábado 7. Veo los fusiles de repetición; son admirables. Mr. Broom me da una carta de su hermano, el ayudante de artillería, en que me habla sobre el encargo de los cañones y artilleros.

Con Mr. Alderson he visto una linda imprenta de patente que completa se calcula su costo en 1.300 pesos. Otra, portátil, es calculada en 300 pesos.

[Espacio en blanco].

Mr. Mackenzie ofrece aprontar cien monturas militares, completas con maletas, en 22 pesos cada una, que es el precio asignado por el gobierno de los Estados Unidos. Pide veinte días de término para hacerlas.

Domingo 8. Llego a New York a las tres de la tarde.

Recibo una intimación del tribunal para responder por Mr. Thompson en el asunto de Ross.

---

[90]   Henry William Kennedy, hijo de Samuel Kennedy y Shara Williams, nació en el Estado de Maryland el 23 de diciembre de 1795. Vino a América del Sur con Carrera, en la *Clifton*. De Buenos Aires pasó a Chile en 1817 junto con dos oficiales estadounidenses que, asimismo, había reclutado Carrera en los Estados Unidos. Acusado de participar en un complot carrerino, fue expulsado de Chile a fines de ese año.

Kennedy se reunió nuevamente con Carrera, en Argentina, y participó en la campaña de este en las pampas. En el combate de Río Cuarto recibió en la cara el fogonazo de un arma de fuego que casi lo dejó ciego. En ese estado huyó después de la derrota de Punta Médano; pero, hecho prisionero por las tropas sanjuaninas, fue devuelto a Chile donde se le permitió reembarcarse para los Estados Unidos (Barros Arana, *Historia General de Chile*, T. 13, p. 393).

[91]   Probablemente sea el mismo Bond quien, con el grado de capitán, vino en la *Clifton* acompañando a Carrera. Bond nació en Hartford, Estados Unidos, el 14 de enero de 1792.

Mr. Jewett me dice que, dando de nueve a diez mil pesos a Mr. Edwards, puedo tomar el bergantín.

Lunes 9. Escribo a Didier sobre los asuntos de la expedición. A Mr. Waters, para que remita los fusiles a Baltimore.

Griswold se encarga del asunto de Thompson.

Martes 10. Escribo a Mr. Porter pidiéndole oficiales para dos buques y pasaje para una persona en el buque de guerra.

Miércoles 11. Escribo al teniente Henry W. Kennedy, admitiéndolo como a Bond, y hablando sobre los fusiles de repetición y el hijo del inventor, lo mismo que de buscar algunos armeros.

Jueves 12. Escribo a Mr. Alderson sobre la imprenta, artesanos, y pidiendo noticias del *Olive Branch*.

Viernes 13. Recibo contestación a mi carta escrita a Didier el 9. La *Clifton* estará lista a fines del mes.

Recibo, al mismo tiempo, cartas de Kingston, de don José Cortés Madariaga, incluyéndome una para el diputado de México; también me escribe el señor Roscio.

Sábado 14. Comienzan a firmar los oficiales que quieren marchar al Sud; el primero es el honorable Humphreys[92].

Comí con Shaw.

Domingo 15. Se me presentan, por la introducción de Irvine, porción de mecánicos de los que publicó en su gaceta necesitarse.

Escribo a Didier sobre los asuntos de la expedición, y pidiéndole 4.000 pesos para la habilitación de oficiales, soldados y artesanos.

---

[92] El mayor G. Humphreys ayudó a Carrera en el reclutamiento de oficiales para su expedición; pero, a consecuencias de un accidente de última hora, no estuvo entre quienes le acompañaron a Sudamérica a fines de 1816.

Lunes 16. Gravier introdujo al director de la fábrica de Bolonia, Mr. Ramel[93], y al subteniente de infantería francesa Mr. Brunier. Ambos quedan comprometidos para marchar conmigo a Chile.

Me reconviene Marcelin por el pago de la casa. ¡Pícaro!

Ocurro por 400 pesos a Gravier y, aunque me responde que inmediatamente me serán entregados, conociendo su poco seso apelo por 250 a Jewett, quien me los remite al momento. Ofrezco pagarlos sábado o lunes próximo.

Martes 17. Mr. Durand me presenta a Mr. Lozier[94], director de cartas topográficas, etc. Parece muy buen hombre, quiere ir a Chile.

Ayer recibí contestación de Porter y una carta del fabricante de fusiles de repetición. Capitán Broom me ha dado una carta en que lo recomienda al mayor Hall.

Gravier promete solemnemente dar el dinero para Edwards: 9.000 pesos. Sin embargo, temiendo falta, le he escrito a Livingston sobre el mismo asunto.

El coronel, caballero de la Durantay, introducido a mí por el gran Bellina, ha estado próximo a ir a la cárcel por el dinero que debía a la casa. He pagado por este tunante 13 pesos para librarlo. Es ladrón, según informes de Simonet. Ha estado en la cárcel de Albany y en todas partes es un famoso pícaro, sin que jamás haya sido coronel.

Bien se lo pregunté a Bellina y me respondió, por su honor, que era lo que decía.

El general Lavaysse me ha ofrecido hoy disponga de algunos cientos de pesos si quiero.

---

[93] Hercule Ramel, francés, se embarcó en la *Clifton*, en calidad de jefe de los artesanos.

[94] Charles François Lozier, de nacionalidad francesa, nació en Saint Philibert des Champs el 8 de enero de 1784. Participó en la guerra franco–española. Viajó a Sudamérica con Carrera en la *Clifton* y al dispersarse la escuadrilla pasó a Brasil y posteriormente a Chile (1822). Dos años después se le designó miembro de una comisión que levantaría la carta topográfica de Chile. En 1826 fue nombrado Rector del Instituto Nacional. Después de algunos años, desilusionado de su experiencia, se retiró a la Araucanía donde vivió más de treinta años (Pedro Pablo Figueroa, *Diccionario Biográfico de Extranjeros en Chile*, Santiago, 1900).

Miércoles 18. Humphreys ha ido a ver el *True Blooded Yanky*, en compañía de Gravier quien nuevamente ofrece la compra y aun se ordena poner el agua a bordo.

He reconvenido a Hoffmann para que hable a Price por la carta topográfica que prestó para mí el comodoro Lewis.

Me despedí de Mr. [en blanco), porque estoy agradecido a sus servicios en el asunto de Griswold.

Jueves 19. Llega Clauzel quien asegura del buen éxito de mi expedición.

Descubre Lavaysse una carta de espías franceses que le hacen favor y alejan las sospechas que teníamos de él.

El comodoro Lewis me dice puedo disponer de un obús de 6 pulgadas, de bronce, por el cual calcula 300 pesos.

Admito hoy al teniente Follows y al cirujano Waites.

Simonet me ofrece pueda disponer de 300 pesos para pagárselos en Chile. Monson me pide entre en una especulación de armamento que él conducirá para llegar junto conmigo a Chile, etc. Mañana le daré la nota e irá conmigo a Philadelphia, para ver si, con cartas de Grouchy, da la fragata Mr. [en blanco].

Recibo carta de Thompson para averiguar si Bellina ha recibido sus cartas; se muestra muy afligido.

Jordán me avisa la llegada de D. Carlos Smith a Philadelphia y los deseos que tiene de verme, para lo que viene a New York.

Infame nota en la realista gaceta de *Evening Post*.

Viernes 20. Contesta perfectamente el *Columbian* la falsedad de *Evening Post* de ayer.

Recibo carta de Poinsett en la que me satisface de las sospechas que había concebido por su marcha de Philadelphia. Me dice que Astor tiene orden para darme el dinero que necesite.

Didier me remite una carta del sargento mayor Vidal desde Montevideo, entregada por el capitán de la *Olive Branch* llegado a Philadelphia el [en blanco] de septiembre.

Sábado 21. Soy introducido por Lavaysse al Dr. MacNeven[95].

Recibo carta de Didier negándose al empréstito de los 4.000 pesos, etc., etc. Lavaysse hablará a Irvine y a MacNeven, para ver si se pueden conseguir de estos comerciantes.

El 19 me habló Cravier de las bárbaras proposiciones de Toledo a Clauzel; el 20 me insinué con Caseaux sobre el particular sin descubrir el todo y sin nombrar a Cravier. Dije que, aunque me parecía bien la idea, desaprobaba los medios, etc.

Contesto a Poinsett y le incluyo pedazos de gacetas con las noticias de México y la acusación a mí en *Evening Post*, con la respuesta del *Columbian*.

Llega la *Mary* y no me trae una sola carta. El capitán Creen opina muy mal de la suerte de Buenos Aires y dice que cree será muy pronto de los realistas.

Llegó Mr. Carlos Smith de Philadelphia y, según los pasos que ha dado, creo que entrará con Monson en el armamento del buque para llevar armamento al Pacífico.

Domingo 22. Me ve Mr. Irvine y hablamos sobre el particular de buscar 4.000 pesos; me da muy buenas esperanzas.

He escrito a Mr. Didier.

Lunes 23. Me visita Mr. Green y me dice que entregó a Luis las cartas en Buenos Aires; que Luis salió para Montevideo y que, a su vuelta, se manifestó serio; que supone sería porque, cuando le mostró el gobierno la carta mía en que decía que su armamento era malo y sólo de 5 pesos principal cada fusil, había prometido llevar más cartas a nadie. Yo creo que algo más diría.

---

[95]   Así lo pone Carrera; el apellido era MacNeven y adoptaremos esa forma en adelante.

Creemos que puede referirse a William James MacNeven, patriota irlandés nacido en el Condado de Irlanda el 21 de marzo de 1763. Estudió medicina en Praga y Viena y se graduó en 1784. En 1805 llegó a los Estados Unidos donde realizó una brillante carrera profesional. Falleció el 12 de julio de 1841.

Yo le muestro mis copiadores y queda satisfecho de que hablaba en mi carta Mr. Crammond y del cargamento del *Olive Branch*.

Martes 24. Soy citado por Irvine para mañana a las diez [para] ver a Mr. Manfort [¿por Montfort?], quien quiere entrar en la especulación de prestarme los 4.000 duros. El doctor MacNeven está hablado para el mismo efecto.

Miércoles 25. El Dr. MacNeven me presenta dos cirujanos para que vayan conmigo. Se llama uno Mr. John Augham y, el otro, James Devlin. Quedan citados para mañana.

El Dr. Cortilli y Mr. Spring se me presentan con la lección estudiada para sorprenderme y tomarme la palabra de que los llevaría a Chile. Me escapo sin compromiso.

Fui presentado por Irvine a Mr. Montfort; ofrece éste hacer todo lo posible por darme los 4.000 pesos y toma lista de los demás efectos que podré desear comprar en mi país. Mañana responderé sobre el particular.

Veo a Astor para que me diese el dinero que dice Poinsett en sus cartas. El tunante se niega cochinamente y me presenta al apoderado de Poinsett, Mr. Edward W. Light, quien generosamente me ofrece dar mañana 800 pesos para completar 2.000 con los 1.200 recibidos anteriormente.

¡Maldito sea Astor! Me quiere contentar dándome a entender que le ha dado 1.000 pesos a Bellina.

Jueves 27 [por 26]. Se niega Montfort, con frívolo pretexto, a darme los 4.000 pesos.

Lavaysse vuelve a visitar a MacNeven para que se esfuerce a buscarme aunque sean 2.000 pesos.

Mr. Light me cita para mañana a la una.

Me escribe Didier, me avisa la llegada del bergantín [en blanco] conduciendo a Devereux, y me dice que la *Clifton* no estará pronta en menos de tres semanas.

Mr. Genêt, ministro que fue por Francia[96], llama a Gravier y le dice informe de mí. Me visita enseguida y me invita para tomar café esta noche.

Comí con Monson y, de sobremesa, de Porter. Se manifestó un poquito sentido.

Visité en la noche a Mr. Genêt y allí conocí a [espacio en blanco]

Gravier me dice que el mariscal hará lo posible por proporcionarme amigos que me den los 4.000 pesos.

Los físicos presentados por MacNeven me escriben una necia carta que le doy a Lavaysse para que se la presente a MacNeven.

Viernes 27. Me visita Clauzel.

Lavaysse es despreciado por el general[97] y el mariscal[98]; así lo he presenciado.

Recibo de Light los 800 pesos. *Gratitud.* Se los doy a Edwards en el momento, a cuenta del bergantín.

Doy a Irvine mi comisión para que satisfaga a Montfort para ver si me da el dinero.

He dado a Light recibo por 2.000 pesos.

Sábado 28. Recibo carta de Didier. Luis no me ha escrito por el bergantín [en blanco] a pesar que Devereux le pidió las cartas. La *Adelina* ha llegado a Philadelphia; pero también sucederá lo mismo. Didier en esta carta y en la escrita a Casteaux acredita más y más su generosidad.

---

[96]   Edmond Charles Genêt. Nació el 8 de enero de 1763 en Versalles. Desempeñó el cargo de Ministro Plenipotenciario de Francia en los Estados Unidos en 1793 y su gestión se caracterizó por actos impropios de la función diplomática y una inaceptable intromisión en la política estadounidense. Washington solicitó a la República Francesa que lo retirara de ese cargo y su sucesor, Fauchet, llegó con instrucciones de obtener su arresto y enviarlo a Francia para ser juzgado; pero la extradición no fue concedida.

Con posterioridad a estos hechos, Genêt adquirió la nacionalidad estadounidense y contrajo matrimonio con Cornelia Tappen Wilson, hija del gobernador de Nueva York. Cuatro años después de enviudar casó con Martha Brandon Osgood.

Genêt falleció el 14 de julio de 1834.

Acerca de las actividades de Genêt en los Estados Unidos puede consultarse Thomas A. Bailey, *A diplomatic history of the American people.*

[97]   Alude al general Bertrand Clauzel.

[98]   Se refiere al mariscal Grouchy.

Mr. Genêt me encontró en la calle y me dijo que había hablado con el general Grouchy y que por las recomendaciones que tenía de mí Montfort, esperaba me auxiliarían para concluir el equipo de mis buques.

Gravier ha faltado a la palabra de dar hoy los 9.000 pesos del bergantín.

El capitán Simonet me ha prestado 200 pesos.

Por la relación de Mr. [en blanco], llegado en el bergantín *Hipomenas* de Rio Janeiro, sé lo siguiente: la expedición portuguesa destinada contra Montevideo salió en [en blanco]. Volvió parte de ella al puerto, porque sufrió mucho en un temporal. Se componía de 10.000 soldados, parte de ellos de Europa. Dos navíos de línea, cuatro fragatas y varios buques menores la escoltaban. Manda en jefe el general [en blanco]. Por tierra marcharon a Río Grande dos regimientos de caballería ligera. Se decía que.toda la expedición desembarcaría en Río Grande, desde donde seguiría a Montevideo. El equipo de los buques es muy miserable.

Domingo 29. El general Grouchy me asegura que por Genêt conseguiré el dinero necesario para concluir mi expedición. Marcha mañana y me pide no me vaya a Baltimore hasta su vuelta, que será el viernes.

Contesto a Didier su carta de ayer.

Lunes 30. Mr. Genêt me asegura que conseguiré el dinero que quiero.

Conozco a Mr. [en blanco], armador del buque que conduce a Bellina, y por medio de alguna intriga obligó al maldito Thompson a que remita treinta o cuarenta oficiales más a Buenos Aires.

El mayor Smith come conmigo y manifiesta sus deseos de ir a Chile.

Pasaje con el padre del cadete Lindsay.

Recibo carta de Ripley, general americano, recomendándome al sargento Ezequiel Dalrymple[99].

---

[99] En inglés, el nombre se escribe Ezekiel; pero en diversos documentos Carrera lo escribe en la forma española más corriente: Ezequiel.

Dalrymple nació en Sudbury, Estados Unidos, el 15 de abril de 1791. Acompañó a Carrera en la Clifton, con el grado de Subteniente.

[OCTUBRE]

Martes 1° de Octubre. Conozco a Mr. Clinton[100]. Nada espero de sus esfuerzos.

Vuelve el compañero del coronel Port quien me fue presentado por Irvine para la especulación de un cargamento de armas y municiones para Chile. Estos diablos embroman más que hacen.

Me dice Chauncey que el coronel Decatur quiere ir conmigo en la expedición y me pregunta qué colocación puede esperar. Para esto sería el convite de hoy, que no he querido admitir por mis ocupaciones.

Gravier pone a mi disposición 20.000 pesos en géneros con condición de pagarlos en Chile al precio que estén en aquella plaza cuando lleguemos. Sigue el sacrificio de reducirlos a efectivos.

Me visita el general Toledo: graciosa conversación y lindos proyectos.

Miércoles 2. Me visita Mr. Grenet [¿por Genêt?]. Me ofrece hacer esfuerzos por auxiliar mi expedición y dice que, si quiero, será mi agente en New York

Gravier no da las facturas de los 20.000 pesos en géneros y temo mucho que nos engañe.

---

[100] De Witt Clinton nació en Little Britain, condado de Orange en New York, el 2 de marzo de 1769. Estudió Derecho; pero no ejerció activamente la profesión de abogado. Después de una destacada gestión política, llegó a ser Senador; mas renunció a ese cargo en 1803 para aceptar el cargo de Alcalde de Nueva York, función que ejerció por un periodo de diez años. En la época en que Carrera estuvo en los Estados Unidos Clinton era una destacada figura política.

Clinton fue activo francmasón y, precisamente en 1816, ocupó el más alto grado de la Orden en los Estados Unidos. Ese mismo año fue cofundador de la Sociedad Literaria y Filosófica de Nueva York.

Falleció en Albany el 11 de febrero de 1828.

El mayor Humphreys me escribe saludándome en nombre del general Miller[101], quien desea verme en casa a las seis de la tarde. Lo verifica y me habla de ir a Chile en mi expedición. La conversación ha sido larga, le he tratado con mucha atención y hecho lo posible por aumentarle sus deseos. Dice que Decatur armará un bergantín para acompañarnos. Queda en verme otra vez.

Strong recibe 100 pesos a cuenta de los 506 que me prestó. Gravier queda en visitar a Genêt para saber qué ha hecho hoy.

Jueves 3. Gravier descubre más y más su falsedad. Anoche estuvo con Genêt en apariencia; hoy al almorzar únicamente le vio. Quiere este andaluz jugar conmigo. Propuestas para retardar mi viaje son los 20.000 pesos ofrecidos.

Me voy a Genêt y me ofrece hacer hoy lo posible para facilitar mi viaje para el sábado o lunes, independiente de una compañía que trata de formar con el nombre *del Perú* para mandar toda clase de auxilios; él quiere ser el agente y yo se lo ofrezco. Si no se encuentra dinero entre los comerciantes, él me dará hasta 2.000 pesos.

Jewett está volado con Gravier y ha jurado matarlo si no cumple lo que prometió, porque le ha obligado a hacer en el buque gasto y trabajos que le serán muy perjudiciales si le engaña.

Me dice el comodoro Lewis que Mr. King me dejará la carta topográfica si le doy 60 pesos por ella. Sé positivamente que le costó 40; pero él desea ayudar la libertad americana metiendo a su republicano bolsillo 20 pesos de utilidad. Ejemplo.

Viernes 4. Veo al mariscal quien toma con empeño proporcionarme dinero. Escribe a Genêt y llama a MacNeven para que busque 4.000 pesos o 6.000.

Gravier me ofrece 3.000.

En la noche va Thompson a llamado de Grouchy para obligarlo a dar firmas por su gobierno en mi favor; pero ha sido imposible comprometer a este bestia.

---

[101]   No debe confundirse con el general británico William Miller (1795-1861) que participó en la lucha por la independencia hispanoamericana.

Sábado 5. Nuevos pasos en busca del dinero.

Irvine y MacNeven se interesan mucho. El general Lavaysse descubre sus sentimientos delante de los dos; pero queda convencido y satisfechos los tres de mi justicia.

En la noche vamos a ver a Genêt con el mariscal; pero tanto me han cansado sus bajas propuestas, que pienso no volver más. Le creo un bribón de primera.

Recibo carta del general Ripley recomendándome un oficial que está actualmente en Philadelphia.

Hallazgo de Jewett: 25.000 pesos. Si este accidente se verificase ¡qué ventajas para la expedición!

Gravier me dice que cuente con 4.000 pesos seguros; 2.000 le dará el barón o la baronesa de [en blanco][102].

Domingo 6. Me desanima Caseaux, quien manifiesta malicia en la absoluta negativa a buscar el dinero
¡Maldita noche!
Me resuelvo a entablar la subscripción.

Lunes 7. Veo a Mr. Montfort, a Grouchy, a Gnaw [?], etc. y se verifica la subscripción. De este modo, el bergantín será de Chile. El mariscal es el hombre que más ha hecho por la expedición. ¡Podía avergonzarse Poinsett!

Reconvenciones de Strong por 400 pesos. Sacrificios por Chile.

A Mr. Sealee ofrecí poco ha la historia de Buenos Aires por Funes; id. a Irvine. A Griswold, un caballo chileno; a Poinsett, vino.

Courtenay, venta de su reloj: 180 pesos. Espera dinero de Irlanda y lo pone a mi disposición.

Martes 8. Se va el mariscal al campo y atrasa infinito mis trabajos.

Veo a Genêt, Montfort, Irvine, etc., etc. Aún nada progreso. Esperemos a mañana.

---

[102]   En carta a Carrera, fechada solamente "hoy sábado", escribe Gravier del Valle: *"Hoy como en casa del barón L'Escalier de quien sacaré también alguna cosa y después de comer voy a ver otra persona que también puede darme mil pesos si quiero"* (original en *Archivo Vicuña Mackenna*). Es probable que este sea el barón cuyo nombre omitió Carrera.

La noticia de los portugueses y algunas cartas de tunantes extranjeros en Buenos Aires me perjudican muchísimo para la expedición.

Se habla de que Portugal declaró ya la guerra contra toda la América española en insurrección, y parece que mañana se publica en las gacetas.

Miércoles 9. Son perdidas mis esperanzas. Cambia Grouchy de un modo extraordinario y es cierto que mano oculta trabaja contra mi expedición.

Determino marcharme inmediatamente a Baltimore.

Grouchy me da su papelote para Buenos Aires[103]. Conozco y...

He presentado a Montfort al general Toledo. Espero que harán contrato de un cargamento para México.

Jueves 10. Llega noticia de un bergantín de guerra bajo el pabellón de Buenos Aires, arribado a Baltimore conduciendo a su bordo al embajador.

Perdidas todas mis esperanzas aquí, sigo mañana a Baltimore.

Montfort es un pícaro: me da su nombre y le vuelvo el mío. Ya le protegeremos algún día.

Pido 500 pesos a Irvine por Lavaysse y con Mac Neven me los proporcionan. Doy pagaré de 406 pesos a Strong y de 300 a Mrs. Marceline pagadero en diez días.

Doy al mariscal Grouchy mi dirección y la misma cartilla de los gobiernos.

---

[103] A juzgar por una carta de Carrera a Clauzel, fechada en Wilmington (Delaware) a 18 de octubre de 1816, que se transcribe en el "copiador" es probable que Grouchy haya expresado al general chileno sus propósitos de pasar a Buenos Aires a prestar servicios militares. Tal vez ataña a esto el "papelote" a que se refiere el *Diario*...

También puede concernir a estos propósitos una carta de Carrera a Grouchy, fechada en Montevideo a 27 de junio de 1817, cuyo resumen se halla asimismo en el "copiador":

"No ejecuté oficialmente su comisión; pero se la hice entender al Director por mí y por uno de sus privados. Se decidió por la negativa y era la que convenía al honor e intereses del pretendiente; así lo acredita la conducta mezquina que se ha observado con Brayer.– Anuncio la revolución en Chile y para entonces le hago ofertas políticas, refiriéndome a las cartas de Clauzel y Skinner".

Las cartas que se escriban por Buenos Aires irán bajo cubierta de Messrs. Orr o de David C. De Forest.

Viernes 11. Insolente conducta de Jewett[104]. Mando al diablo a este tunante y se acaba el asunto del bergantín. A la noche me escribe su hermano[105] una carta, cobrándome cerca de 400 pesos con grosería. Detengo por esto mi viaje.

Griswold me regala la *Gran Marcha de Chile* y *La Victoria*, compuesta por su mujer.

Recibo cartas de Juan José y Luis por la *Adelina* arribada a Philadelphia. Mr. Maffet, capitán de dicho buque, entregó el pliego a Jordán bajo de fianza; este hombre se titula y parece amigo. Le fue entregada por De Forest, quien se firma mi amigo en el sobre.

Sábado 12. Doy cartas de recomendación para Luis a Bellina y a Mr. Foote, quien lleva el paquete de cartas para Luis, bajo cubierta de los señores Orr, y una carta suelta con sobre a Luis únicamente.

Pago al tunante Jewett su cuenta y me quedo sin dinero para mi viaje.

Domingo 13. Nada particular.

Lunes 14. Monson me da 500 pesos.

Lindo suceso de ayer entre Bellina y el teniente coronel polaco[106].

Descripción de Sealee contra Bellina.

---

[104] Se refiere a David Jewett.

[105] Carrera alude aquí a Charles Jewett, quien, efectivamente, en una carta de 10 de octubre de 1816, que se conserva en el Archivo Nacional, le pide con urgencia que le pague la suma de 398 dólares con 17 céntimos que le adeuda.

[106] Este es el incidente del Coronel Bellina, que Beauchef recordaría en los siguientes términos:

"La mañana de nuestra partida tuvo lugar una escena muy escandalosa. Se presentó un polaco e inmediatamente inició una disputa en esa lengua con nuestro Coronel. Claro está que no comprendimos nada. El resultado fue que se rompieron mutuamente la cabeza sirviéndose de un gran cuchillo y de una pequeña hacha de abordaje. El Coronel fue atacado primero, pero aun siendo así no era menos deplorable" (Beauchef, *óp. cit.*, p. 77).

Martes 15. Salgo para Baltimore con Lavaysse, Monson y Courtenay.

Conducta del dicho comodoro Lewis, etc., etc.

Escandón queda encargado de remitir mi equipaje por mar.

Miércoles 16. Llego a Philadelphia.

Conducta de Crammond en la tarde.

Jueves 17. Conversación de Courtenay con Gamble sobre la conducta de Jewett.

Opinión buena que tiene Gamble de mí, por recomendación de Poinsett, etc. Hoy me visitará. Los veo y es nada lo que se debe esperar.

Veo a Crammond y me satisface por el asunto de las cartas en el *Olive Branch*, ofreciéndome sus servicios.

El impresor trata de volverse a New York a pretexto de ver a su madre enferma; le creo un flojo.

Viernes 18. A las seis de la mañana salgo para Wilmington con Mr. Durand, con el objeto de ver a Mr. Dupont.

Conozco a este excelente viejo, quien me regala dos libros sobre la educación de la juventud, etc. Me pide le escriba; toma mi dirección y yo le recibo la suya. Le ofrezco mandar vino del Huasco y Concepción.

Remito a Poinsett dos libros de Mier[107] con Mrs. [?] Bringle.

Sábado 19. Salí a las ocho de Wilmington y llego a Baltimore a las doce de la noche, en compañía de cuatro oficiales franceses comprometidos conmigo.

Domingo 20. Veo la *Clifton* muy atrasada en su trabajo pero muy bonita. Conozco a su capitán Mr. Devis[108].

---

[107] Es probable que se refiera a la *Historia de la revolución de Nueva España*, obra de Mier aparecida en 1813.
[108] Así lo escribe Carrera. Su nombre era Hugh C. Davey.

Lunes 21. Ayer me dio Courtenay papeleta del coronel Dennis quien me ofrece ver el lunes o martes para entrar en negociación por 30.000 pesos en mi expedición.

Mr. Didier ofrece mandar por la imprenta a Philadelphia y que la fragata estará en quince días.

Presento a Monson a Didier, para que se arme otro buque. Llega el general Toledo.

Conde dejó olvidado en Philadelphia el canuto de papeles interesantes. Le escribo a Ren Shaw [?] para que lo remita.

Martes 22. Sale una goleta de Tenant con fusiles para Matagorda. Se sabe que ha llegado ayer a New York el bergantín *Regente*.

Convengo con Didier en que el buque hará el corso con la bandera de Chile.

Las provisiones de mis oficiales serán por mi dirección y cuenta. Para esto nombraré un comisario y será Mr. Pedro Jorge Durner, introducido por Didier.

Miércoles 23. Anoche visité a Mr. [en blanco].

Las noticias de Buenos Aires son favorables, según las cartas recibidas por el *Regente*.

Queda admitido Durner.

Visito a Mr. John Skinner[109] y conozco a su madama[110] y hermana.

---

[109]   John Stuart Skinner. Nació en el condado de Malvert, Maryland, el 22 de febrero de 1788. Hijo de Frederick Skinner, militar en la revolución de la independencia de su país. Estudió Derecho e inició sus actividades profesionales a los veintiún años.

Al estallar la guerra anglo-estadounidense, en 1812, el presidente Madison lo designó inspector de la correspondencia procedente de Europa, en Annapolis, y agente para la atención de los prisioneros de guerra.

Desde 1816 y por más de veinte años Skinner fue jefe del servicio de correos de Baltimore; pero ya en 1819 tuvo la idea de fundar un periódico dedicado a la agricultura. Así nació el *American Farmer*, en el cual colaboraron importantes personalidades como Thomas Jefferson, James Madison y otros.

Skinner prestó servicios a la causa independentista hispanoamericana e incluso se ofreció para servir como agente para asegurar la interrelación de las diversas entidades insurgentes. Mediante la prensa, cooperó con Carrera.

Según las noticias de la gaceta de hoy, Morillo abre los puertos a todos los buques amigos pues que ha logrado todas las ventajas sobre los insurgentes.

Ya no tiene Monson 10.000 pesos; quiere ser capitán y sobrecargo en el *Savage*.

Presento a Toledo a Didier.

Skinner prestó al general chileno la suma de cuatro mil dólares. Se ha discutido acerca de las condiciones de este préstamo y Vicuña Mackenna creía que se trató de un servicio generoso y desinteresado (*El Ostracismo…*, p. 73). En realidad, se pactó un interés de ciento por ciento, con la obligación de pago al término de un año.

Al respecto, tenemos a la vista un recibo redactado por Carrera, escrito de su puño y letra en los siguientes términos:

"Baltimore, 24 de noviembre de 1816.

He recibido de John Skinner, Esquire, cuatro mil pesos en papel moneda de Baltimore, los mismos que pagaré en pesos fuertes con la utilidad de ciento por ciento, y en el término de un año contado desde esta fecha. Si algún accidente desgraciado me impidiera el cumplimiento de este pago, será de la obligación de mis sucesores o de los que se encarguen de mis intereses el cubrir la expresada cantidad con preferencia a otra ninguna, tanto porque al presente no conozco otras deudas como por la consideración que merece la generosidad del Sr. Skinner, quien me ha prestado este auxilio proporcionando excesivas ventajas al logro y buen desempeño de los encargos confiados a mi cuidado. J.M. de Carrera".

Con ligeras variantes, este documento fue presentado al gobierno de Chile el 2 de junio de 1818 por Ricardo R. Baughan, apoderado de John Skinner, a fin de obtener el reembolso de la suma prestada "con el interés estipulado". O'Higgins, con refrendación de Irisarri transmitió la cobranza al padre de Carrera, don Ignacio de Carrera, y este se defendió solicitando que el asunto se llevara a la justicia ordinaria.

O'Higgins insistió y don Ignacio persistió en negarse al pago, con muy atendibles razones jurídicas; pero, bajo apercibimiento de embargo de sus bienes, y con un ucase gubernativo en el sentido de que no se le admitieran más escritos, canceló los cuatro mil pesos con un interés de seis por ciento. (Los documentos correspondientes fueron publicados en el tomo VII de la *Colección de Historiadores y de Documentos relativos a la Independencia de Chile*, Santiago, 1901, pp. 315 a 330).

[110] La mujer de Skinner, con quien este casó el 10 de marzo de 1812, se llamaba Elizabeth G. Davies. Tuvo en ella tres hijos.

No es de extrañar que Carrera usara la palabra "madama". A este respecto se nos excusará una digresión lingüística. En el Diccionario de la Real Academia Española (edición de 1780) encontramos la siguiente definición de esa palabra: *"Voz francesa y título de honor que vale lo mismo que SEÑORA, y se da a las mujeres nobles puestas en estado,* la cual se ha usado en España en el mismo sentido, para nombrar a las señoras extranjeras. *Hoy la usan algunos en el trato cortesano con las mujeres".*

Jueves 24. Visito a Taylor y me da muy buenas esperanzas de mi solicitud.

Llega el coronel Dennis y el capitán Chauncey. Se me cita por el primero para mañana a las doce.

Viernes 25. Taylor se decide por darme un corsario en mi compañía.

Dennis parece inclinado a tratar con el capitán Taylor[111].

[111] Aquí concluye el *Diario …* que se conserva en el Archivo Nacional. No obstante, del artículo del Sr. Varas Velásquez que hemos citado resulta que en el original que él poseyó había diversas anotaciones que hoy han desaparecido. Las transcribimos valiéndonos de las citas que él hace:

a) una, cuya fecha no menciona, que decía: *"Hoy ha venido a verme el traidor Toledo"*;

b) otra, asimismo sin cita de fecha, en la cual Carrera se compadecía del general Mina, que había caído en manos de Toledo;

c) otra: *"Lunes 4 de Noviembre. Mr. Skinner me presta generosamente 600 pesos. Pago con este dinero a mis oficiales y artesanos que no tenían ya qué comer"*.

d) otra: *"Jueves 7 de Noviembre. Después de muy amargos ratos consigo por Mr. Didier de Mr. Wascamps, cuatro mil pesos para el pago de mis oficiales, al ciento por ciento, pagaderos en un año. Afianza Didier y Skinner. Si cumplo, partirán la utilidad; si se pierde el dinero no se paga al año, lo abonarán con un 6/100, cubriendo el principal"*.

e) otra: *"Viernes 8 de Noviembre. Mr. Skinner contrata conmigo darme dinero a un ciento por ciento, pagadero en un año. No sabe la cantidad que puede proporcionarme, pero me da por lo pronto 1.400 y yo le doy recibo de 2.000"*.

f) otra: *"Sábado 9 de Noviembre. Remito a Simonet a Nueva York para traer los oficiales, librándole 1.000 pesos, y conduce cartas para Irvine por 500 y otra a Monson por 600. A Simonet 30 pesos para su viaje y una lista de varios encargos. Mando igualmente a Kennedy a Filadelfia con 300 pesos para comprar dos fusiles de repetición y lo doy 40 pesos para su viaje"*.

g) una, con esa misma fecha 9 de noviembre de 1816, del siguiente tenor: *"Como con Mina y Monzo* [sic, tal vez por Monson] *a quien he dado una carta duplicada de la traición de Toledo para enseñársela a Monroe"*.

Índice Geográfico

Gravier Del Valle, Rafael, 17, 108, 115, 119, 128, 131, 132, 134, 137, 141, 142, 145, 146, 147, 148, 149
Greene, Daniel, 74, 78, 79
Grenet, 147
Griswold, Daniel S., 63, 81, 82, 85, 89, 90, 91, 93, 96, 98, 99, 100, 101, 102, 114, 132, 140, 142, 149, 151
Grouchy (Mariscal), 18, 108, 121, 122, 125, 126, 127, 128, 131, 132, 133, 134, 138, 142, 145, 146, 148, 149, 150
Gual, Pedro, 18, 49, 50, 52, 55, 63, 66, 87, 88, 91, 97, 98, 109, 126, 127, 134
Guerra, 113

Hackett, 101
Hagarty, Diego, 42, 45
Halsey (Cónsul), 55, 87
Hamilton, 47, 60, 64, 80, 81, 82, 85, 87, 90, 96
Handford, Carlos, 28, 53, 79
Harriot, V., 126
Hely, Daniel B., 101
Hiriarte, Tomás, 13
Hoffman, 63, 66, 86, 87, 99, 142
Humphreys, 32, 132, 140, 142, 148

Irvine, Baptis, 18, 77, 115, 119, 140, 143, 144, 145, 147, 149, 150, 155
Iglesias, Augusto, 15, 23
Irisarri, 113, 118, 119, 154

Jacquelin, 128, 129, 130, 131
Jáuregui, Agustín, 102
Jewett, David, 17, 18, 21, 28, 29, 33, 43, 44, 51, 52, 54, 55, 56, 57, 59, 63, 65, 69, 71, 74, 76, 77, 78, 79, 81, 82, 85, 86, 87, 89, 90, 91, 93, 101, 102, 107, 108, 109, 116, 117, 122, 125, 140, 141, 148, 149, 151, 152

Jordan, Servando, 17, 28, 29, 63, 65, 69, 76, 77, 89, 97, 102, 112, 114, 132, 133, 134, 142, 151
Jouneuze, 97
Jounion, 98

Karrick, María Ana, 45
Kennedy, Henry W., 21, 139, 140, 155
King, 148

La Pierre, 128
Labatut, 125
Lavaysse, Jean J. Dauxion, 18, 115, 116, 117, 119, 121, 128, 131, 132, 133, 141, 142, 143, 144, 145, 149, 150, 152
Le Roibayard, 100
Lewis, 63, 114, 119, 142, 148, 152
Light, Edward W., 144, 145
Lidsay, 146
Livingstone, Clermont, 88, 141
Livin, P., 119, 120
López, Francisco, 47
Lozier, Charles François, 21, 141
Luth, Stephen (¿Lewis?), 63, 112
Lusch, 99

Mac Gowan, 95
Mac Lean, 117
Mac Neven, 143, 144, 145, 148, 149, 150
Mackenzie, 139
Madison James, 13, 18, 37, 40, 47, 48, 119, 153
Maffet, 151
Maje, John, 31
Manfort, 144
Marcelin, 141, 150
Marchan, 101
Martínez De Rozas, Juan, 10
Me Evers, 100

ÍNDICE DE LÁMINAS

www.ingramcontent.com/pod-product-compliance
Lightning Source LLC
Chambersburg PA
CBHW080817170726
48000CB00021B/3164